運動する身体の哲学

メーヌ・ド・ビランと西田幾多郎

鋳物美佳 著

Mika Imono

Philosophie du corps en mouvement

萌書房

序文

メーヌ・ド・ビラン哲学は十九世紀フランスという時代にとってきわめて重要であった。にも拘らず、今日、フランスではほとんど注目されていない。ここ数年来、日本の若手研究者たちがビラン哲学研究に熱心に従事していることから察するに、もしかするともはやフランスよりも日本における方が、ビラン哲学は知られているのかもしれない。フランス哲学へのこの情熱はどこから来るのだろうか。一九一〇年以降、日本においてベルクソンの流行が生じた。おそらくそこにフランスの伝統への始まりも見て取ることができるのだろう。すなわち、ルソー、コント、ラヴェッソン、ブートルー、そしてメーヌ・ド・ビランなど、息の長い影響を及ぼすことになる伝統である。日本に一度滞在するだけで、この地においてフランス哲学の豊かな受容が今日に至るまできわめて重要であり続けていることを知るのに十分である。

このフランス哲学と日本哲学との邂逅をめぐって、鋳物美佳は野心的な思索を展開した。ここに彼女が紹介する本は、まずはメーヌ・ド・ビランにおける哲学的経験の意味を再建する。意志的な運動がわれわれに開示するその本性の理解に関わるものである。第Ⅱ部では、ビラン哲学は西田哲学に出会うことで、拡大される。そこで意志的運動は、この世界における創造行為にまで高められる。この本で、鋳物美佳は、西田のメーヌ・ド・ビランに関する理解は、二人の哲学者のあいだの共感という感情によって通じているだけでなく、ビランの自我を社会の中に置くことで、ビラン批判を試みようとしていることを示している。西田はビラン哲学に何をもたらすことができるのか、と鋳物は問う。それは世界への、社会への、歴史への運動である。それゆえ、本著は単なるビラン読解にとどまらない。強い希求によって、ビラン精神に忠実でありながら、ビランと西田のあいだの創造的対話を開くのである。ここにもまた、フランス的精神と日本的精神のあいだに、二つの文化にとって本質的である運動の概念を介して、橋がかけられるのを見ることができるだろう。

間違いなく近代は、技術、人間、スポーツなどに関してあらゆる形態のもとで現れている運動の拡張である。スローターダイクPeter Sloterdijkも指摘するように〔*La mobilisation infinie*, Paris Seuil, 2000. 原著は*Eurotaoismus. Zur Kritik der politischen Kinetik*, Suhrkamp, 1989〕、「存在論的には、近代とは運動へ向けられた純粋な存在である」とさえ言うことができるだろう。運動の問題は、われわれをわれわれ自身へと、最も本質的に送り返すものであるゆえに、至るところに存在している。なぜ運動なのか。本書の目的は、運動そのものの意味を、意識にとって出現する運動の中で、また世界および歴史との緊張において、哲学的に解き明かすことにあり、また運動という問題を中心に、永遠の対話におけるフランスと日本の異なる感性の巡り合いを感じさせることにある。

したがって、メーヌ・ド・ビランは、とりわけ西田による読解によって、日本哲学から除外されるべきではない。西田は、メーヌ・ド・ビラン思想の基底にある存在することの驚きに共鳴するように、自覚、自己、実存について独自の思想を展開した。自己とは何か。それは、存在するという感情により、無に近いところにいる脆さにより、さらには無限の能動性あるいは西田幾多郎の哲学が示すような世界における存在の運動によって引き起こされる事態なのではないだろうか。メーヌ・ド・ビランと西田幾多郎のあいだに繋がりを見るのは恣意的なことではない。西田自身がビランへの共感を証言しているし、またこの主題に関してはすでにいくつかの研究がなされているからである（黒田昭信、二〇〇三年：山形頼洋、二〇〇九年）。世界におけるわれわれの存在の運動の意味という哲学の永遠のテーマをめぐって、フランスと日本のあいだにある種の協定を西田とビランは締結する。世界において存在するとはどういうことか。単純でありながら繊細であり、あまりに深いこの問いは、自我と世界の繋がりという深淵、目眩へとわれわれを誘うであろう。

ピエール・モンテベッロ

（訳：鋳物美佳）

はじめに

今日、われわれの労働の多くはテクノロジーで置き換えることができるようになってきた。通信技術の発達に伴い、機械はわれわれの手となり足となり、家にいながらできることは五〇年前はおろか、一〇年前と比べても、圧倒的に増えている。物質的な便利さは、想像もつかないスピードで日々進化している。便利なことは、いいことだと思う。

しかし一方で、面白い現象もある。必然性にかられて身体を動かす必要が極端に減ってきている反面、現代社会ほど身体を動かすことに関心を持っている時代はないように思われる。現代人のヨガやマラソンの流行、ジム通いなどはその最たる例である。もちろんダイエットやリハビリといったような実用的な目的のために行う人も多いが、汗をかくと気持ちがいいからとか、身体を動かすと気分が晴れるからといったような、精神的効用を求めて行う人もかなり多く存在している。

労働を技術に担わせると同時に、運動への欲求がますます高まっていくとは、一見すると矛盾しているようにも思えるが、どうも身体を動かすことでしか感じられないある種の感情があることは、否めないようだ。私的なことで恐縮だが、著者自身もバレエ、合気道、太極拳をやってきた身としては、あの運動の爽快さは、他ではちょっと見出せないと思う。テクノロジーで身体機能を拡張し、自分が動かなくてもよくなるように取り計らうのは楽して便利になるためであるが、それとは別に、楽とか便利とかを求める必要がない次元で、運動のために運動をしたいという欲求が、人間にはあるのではないだろうか。そのような運動はなぜ魅力的なのだろう。何をもたらすのだろう。

例えば心理療法の一つに、ダンスセラピーがある。ダンスを行う中で、世界との生き生きとした繋がりと同時に、自己自身についての自明性を取り戻す療法である。[1] ダンスとは何であろう。それは、ヴァレリーが指摘するように、[2] それ自体が目的の運動である。例えば移動のために歩くことは、移動という目的のための運動である。しかし散歩は、歩くことそのことが目的である、自己目的化された運動である。ダンスは、そのような自己目的化された運動のきわめてすぐれた例である。そのようなダンスを通して、ダンスセラピーは、患者に生きているという実感を抱かせる。生き生きとした感情、今ここに自分がいるという特殊な感情。ダンスセラピーがむき出しにしようとするこの感情を、運動のための運動をする人は、多かれ少なかれ、求めているのだろう。では運動は、どのような理由で、この感情をわれわれに与えることができるのだろうか。この問いに哲学の枠組みの中で答えること、この感情の由来と性質と意義を哲学的に記述することが、本書の目的である。

運動の意義、これを哲学の問題に位置付けようとするなら、心身問題がまず思い浮かぶだろう。精神が身体に与える影響、および身体が精神に与える影響、あるいはそれら二つのあいだの関係など、心身に関する一連の問題は、西洋哲学にとって伝統的でさえある。しかし、われわれがこれから考えようとしている問題に取りかかるためには、単に精神というものと身体というものを考え、その間を論ずるだけでは不十分である。それでは運動する主体にとっての感情がわからないからである。感情とは主観的なものであり、内省によってしか知られることができない。したがって運動の主体の内部に視点を取る必要がある。とはいえ、自身の感情やその効用について静態的に内省する哲学も、それだけではまた十分ではないだろう。というのもわれわれが取り上げたいのは運動の中で得られる感情、あるいは運動の中で刻々と生成する感情だからである。〈私〉が意志的に動くという事実が〈私〉の身体および〈私〉の意識にどのように影響を及ぼすのかを考える必要がある。それを運動する主体の内的視点から問う必要がある。

そのように考えたとき、十八世紀末から十九世紀前半のフランスに生きたメーヌ・ド・ビランMaine de Biran（1766–1824）の思想は、とても魅力的なものに思われる。本国フランスでさえあまり知られているとは言えないこの哲学者(3)について、まず伝記的なことを述べると、ビランはフランス南西部、ボルドーからほど遠くないベルジュラック出身の貴族であり、フランス革命が起こるまでは近衛兵として王宮に伺候し、革命後は主に王党派の議員として政治家活動を行った人物である(4)。哲学史的には、いわゆるフランス・スピリチュアリスムの創始者として考えられている(5)。二十世紀後半に現象学者のミシェル・アンリが主題的に論じたことで認知度が若干上がったと言えるだろう。[6]また最近では自己の内的世界を描く日記（Journal intime）文学の創始者として論じられることも多い。[7]十九世紀前半に活躍した哲学者であるが、死後に残された大量の草稿は、歴史に翻弄されてなかなか整理がつかなかった。二〇〇一年にようやくJ・ヴラン社から全一三巻二〇冊のいわゆる「全集」[8]の刊行がすべて終わったところである。

さて、そのメーヌ・ド・ビランは、彼の日記が語るところによれば、とても繊細で、内気で、やや憂鬱気質の人であったようだ。季節や気候の移ろいによって気分や体調の変化（ほとんどの場合は、悪化する）を鋭く感じ取ったり、[9]議会の議論で積極的な役割を果たすことができないことを気に病んだり、[10]あるいは社交界のめまぐるしさに気を散らされて、もはや自分には何もできないと嘆いたりする。[11]ビランの日記は、外的状況に翻弄されて悩みながら生きるビランの姿を鮮明に浮かび上がらせる。そしておそらく、ビランはそのような性格であったため、哲学的には、いろいろな外的状況にも拘らず自分の能動性、活発さがどこまで確実なものでありうるのかを知ることを欲した。一七九四年の若いビランは、日記にこう書いている。

私は、もし何か継続的なものを企画できるとするなら、魂はどこまで能動的であるか、また魂はどこまで外的印象を変様させることができ、それらの強度を、魂がそれらに与える注意によってどこまで増加させたり減少させたりすることができるのかを研究し、また魂はどの点までこの注意の主でいられるのかを吟味してみたい。このような吟味は、おそらく、精神にとっての良き考察になるはずだと思われる(12)。

つまり人付き合いの辛さとか、身体的不調とか、気候の変化などにも拘らず、どこまでが自分の能動性の結果であると断言できる領域であるのかをビランは知りたかった。そしてその能動性の領域を確定する働きを、意志的な運動に見出そうとしたのである。ビランは、自分の意志によって自分の身体を動かしているとき、その運動の最中においてだけは、自分が自分であるという感情を直接的に得ることができると考えた。直接的というのは、考えた結果ではなく、疑いを挟む余地もなく、あますところなく即座にはっきりと知られるということである。意志的運動を、運動する主体の立場から考え、さらにそれを瞬間的な自明性の感情と結び付けて論じるビラン哲学は、運動する身体について考察しようとしているわれわれにとって、とても魅力的なのである。舞踊美学にとっても、スポーツ科学にとっても、演技論や演奏論などにとっても、身体（表現）運動を当事者の視点から考えようとするとき、ビラン哲学は一つの確かな視座を与えてくれるように思われる。

ただし、ビラン哲学には限界もある。詳細はのちに見てゆくことにするが、ビランにおいて、意志的運動とは自分自身を知ることである。しかしながら意志的運動は、〈私〉にとっての運動であると同時に、世界の中での運動でもある。ならば意志的運動によって引き起こされる、内的な、〈私〉が〈私〉であると感じる事実だけでなく、その外的側面も考察されなければならないのではないだろうか。〈私〉が生きていることの実感抜きに外界が実在することの実感を語るのが不可能であるように、外界の実感抜きに、〈私〉の実感を考えることは、事態の半分しか見ていないことになるのではないだろうか。また、現代のわれわれは、ビランが試みたように何でもすべて能動と受動の二元論で説くことができるなどと思っていない。量子力学やアフォーダンス理論を経た今、もう素朴な二元論を考えられる環境にない。したがってわれわれにとっての問題は、ビランの着想を、その困難を克服して、どう再構築するかである。

そこで本書は、もう一つの主題として、西田幾多郎（一八七〇―一九四五）の思想を取り上げる。西田もまた、ビランと同様に、自分が自分について知る自覚の瞬間に関心を持っていた。二人の関心が重なることは、西田が早い時期から熱心にビランを読んでいたことからも窺える。先ほど述べたように現在はアズヴィ編集のビラン全集が刊行されているが、西田の生きていた当時は、ちょうどその一つ前のティスラン編集のビラン著作集[13]がフランスで刊行されていた頃であった。西田は、当時留学中であった弟子に依頼して、刊行とほぼ同時にビラン著作集を購入して読んでいる。手紙の中では「私はビランが好きになった。思想が共鳴するところがあって面白い[14]」とも述べている。したがってビランの問題の延長線上に西田を論じることは、無理のあることではないだろう[15]。

そして、われわれにとって興味深いのは、西田のビランへの好意が、単なる共鳴にとどまらなかったところにある。西田はやがて、ビランに対して「彼の考へた私は社会的・歴史的でない[16]」と批判するようになる。それはまさに、ビランの覚知（自分が自分であることを知る瞬間）が、内的にとどまり続けたことに対する不満である。西田はどのようにビランの抱える困難を克服、補完できるのだろうか。そしてその先には、どのように運動を記述する哲学を展開することができるのだろうか。

この作業は、もちろんビランのテキストの外に出てゆくことである。しかしビランのテキストの外には出てゆくが、ビランの哲学的精神には忠実であり続けることをルールとして、ビラン哲学の一つの発展の可能性として、西田とビランのあいだの想像上の哲学的対話を紐解いてみることにしよう。その結果、運動する身体の哲学およびビラン哲学の再建に寄与できれば幸いである。

なお、本書で主に展開しようとしているビラン哲学とは、中期のビラニスム期の思想を指す。この時期に意志的運動を中心とした体系的思想が現れたからである。ビラニスム期とは一八〇四年[17]から一八一三年頃までのビランの思想を指す。著作で言えば、『思惟の分解についての論文*Mémoire sur la décomposition de la pensée*』（一八〇五年[18]）、『直接的覚知について*l'Aperception immédiate*』（一八〇七年[19]）、『人間の精神と精神の関係について*Sur les rapports du physique et du moral de l'homme*』（一八一一年[20]）、そして『心理学基礎試論*Essai sur les fondements de la psychologie*』（一八一一年頃[21]）である。

また、ビランに関する西田の記述についても、主に世界における運動が主題となるのは京都大学退官後のいわゆる後期西田哲学であるので、『哲学論文集第二』（一九三五年）[22]以降一九四五年に亡くなるまでの著作を主に扱うこととする。

第Ⅰ部ではビラン哲学を分析することで、意志的運動とは自分自身を知る瞬間（反省）であることを確認する。第Ⅱ部では、西田哲学をビラン哲学の延長戦上において論じることで、意志的運動とは世界における創造行為であることを示す。

二〇一八年七月

鋳物 美佳

運動する身体の哲学——メーヌ・ド・ビランと西田幾多郎——＊目次

運動する身体の哲学

——メーヌ・ド・ビランと西田幾多郎——

第Ⅰ部　反省としての運動

第1章　ビランと生気論

メーヌ・ド・ビランはこう述べる。意志的な運動とは、〈私〉の意志が〈私〉の身体に働きかけることで生じる運動である。またその際に、他に類のない独特の仕方で、運動する主体は自分が自分であるということを直接的に知ることができる、と。このように生成する運動の中に直接的な自己知を認めることこそ、ビラン哲学の最大の賭けであり、面白みであると言っていいだろう。

では、ビランの考える「意志」とは何か。ビランは、それは有機的なものを超える力という意味で、超有機的な力 force hyper-organique であると言う。しかし hyper-organique（超有機的）という聞きなれないフランス語は何を意味するのだろうか。誤解のないように先回りをすれば、これは全く神秘的な概念でもないし、説明不可能なものを詰め込んだ黒い箱でもない。では、ここで超えられる「有機的なもの」とは一体何であり、しかもそれを「超える」とは何を意味するのだろうか。この章では、ビラン哲学の中に入って論じる前に、その準備段階として、ビランにおける「意志」あるいは「超有機的な力」

の概念を画定することを目指す。そのために、十八世紀フランスで流行した医学思想を参照することにする。その思想とは、生気論 vitalisme である。

この章の目的は、「超有機的な力」の輪郭を画定することにある。そのために、以下では、まず生気論について把握する。何を克服するためにそれが立ち現れたのかを見(1‐1‐1)、モンペリエ学派(1‐1‐2)およびビシャ(1‐1‐2)における生気論の進化を確認する。その後、ビランの生気論全体に対する理解(1‐2‐1)、とりわけバルテズとビシャによる精神的遺産(1‐2‐2)を概観したあと、ビランと生気論の分水嶺(1‐2‐3)を浮かび上がらせる。

1‐1 生気論

1‐1‐1 医機械論、医化学論、アニミスム批判としての生気論

ビランと医学思想と言うと、突拍子もないように聞こえるかもしれないが、実はそうではない。多くの事実が、この哲学者が医学に関心を持っていたことを裏付けている。

ビラン自身は医者ではない。革命期の不幸な王党派政治家であった。けれどもビランに勉学の手ほどきを与えたその父は医学博士であった。また政治家としても、一八〇六年に故郷ベルジュラックの県知事顧問として、この街に創設された医学会の初代会長に就任している(1)。ポール・マルクスによれば、こ

の創設はフランス国内でもかなり早い時期に位置する。伝統を誇るルーアンの医学会でさえ一八二二年の創設だそうである。(2)

ビラン自身の哲学的著作の中にも、医学および生理学への言及が頻繁に見られる。例えばビランが好んで引用する、「人間は人間性において二重であり、生命力において一重である *homo est duplex in humanitate, simplex in vitalitate*」という言葉は、オランダの医師ヘルマン・ブールハーウェ Hermann Boerhaave（1668-1739）のものである。この言葉は単なる座右の銘ではなく、ビラン哲学の人間理解の基礎的態度を示すものである。またビランはしばしば医者マリー・フランソワ・グザヴィエ・ド・ビシャ Marie François Xavier de Bichat（1771-1802）を引用している。ビランが展開した習慣に関する考察は、ビシャのそれと多くの共通点を持っている。またのちに見るように、ビランもビシャも、二種類の生命があると措定して、人間を理解しようとした。さらには、モンペリエの医師レイ・レジス Rey Régis（別名 Cazillac。生没年不詳）も、ビラン哲学の要において、積極的に論証に用いられている。こうして見ると、ビランと医学との関係は、単なる表面的なものだけでなく、ビラン哲学の根幹に関わるものであることがわかる。

またビランの身体への関心、身体とともに生きる態度は、当時のヨーロッパ時代精神に鑑みても特殊なものであっただろう。ピエール・シャールトンも指摘しているように(3)、十七世紀から二十世紀初頭に至るまでフランス文学においては身体は主題として扱われることはなかった。精神的なものの価値が重視され、身体的な生きる喜びは、エロスを除いては顧みられなかった時代である。ルネサンス期に高まった人体への関心は、その後医学的関心に転じ、文学や絵画の世界では沈黙した。そのような時代背景にありながら、ビランが身体への哲学的な関心を持ち続けたのは、ビランがいかに医学に関心があったかを示しているのではないだろうか。

実際に、これまでビランと生気論との関係は、示唆されてきた。[4] しかしそれにも拘らず、フランソワ・アズヴィがその研究書で小さなセクションを割いた以外[5]、両者の関係についてまだほとんど研究がなされていないのは、不思議なほどである。われわれは、ビランにおける「意志」の理解を課題として、ビランと生気論の関係を探ることにしよう。

生気論とは何か。アンドレ・ピショは次のように述べる。

まず、生気論は時代的に制限されている。十七世紀末に始まり、十九世紀中頃に終わった。次に、生気論とは、生命原理principe vitalは物理的原理に還元できないものであること、むしろ物理的原理に対立するものであること、そして、生物が自らのうちに有していると考えられる衰滅的効果に対して戦うものであること、これらの点をはっきりと認めるものである。[6]

ビランの「意志」を理解するために鍵となるのは、この「生命原理」という概念である。有機的なものを超えるビランの「意志」と、物理的原理に還元できない「生命原理」はどのように重なり合い、どのように差別化されうるのだろうか。

まずは生気論および「生命原理」の理解に努めよう。そのために、生気論者たちがこの原理を措定するに至った経緯を見ていく。ここからしばらく、時代背景に沿って生気論を解剖する。

ロズリン・レイによれば、生気論は、当時支配的だった他の医学思想、すなわち医機械論と医化学論に対抗するかたちで現れた(7)。まず医機械論の方を見よう。医機械論とは、デカルト主義に端を発し、機械をモデルに、人間身体を理解しようとする医学理論である。この場合、身体は梃子やふるいに喩えられて理解される。レイによれば、一七四一年から一七五四年にかけて、このような医機械論に対する反論が散見されるようになる。人間身体を部分ごとに切断して考えると、何か全体的なものが見えなくなるのではないか、全体を繋ぐ生命的な何かを見落としてしまうのではないか、という危惧が現れたのである。

このような医機械論に対する懸念を、生気論はどのように吸収したか。『百科全書』に複数の項を執筆し、生気論黎明期の代表的な論者の一人であったと考えられるジャン＝ジョゼフ・メニュレ・ド・シャンボー Jean-Joseph Ménuret de Chambaud（1739-1815）のテキストに当たってみよう。メニュレは、一七六五年に執筆した『百科全書』「動物的調和 Œcoomie animale」の項目において、医機械論を批判している。

運動は、非有機的な inorganique 機械の中で生じる法則に従って実行されると信じられていた。人間身体を幾何学的に扱ったのである。様々な行動をするために必要な力の程度や、それをすることで失われる消費を、厳密に計算したのである。しかしこのような、大きなばらつきを見せる計算はすべて、全く動物的調和を解明しないのである(8)。

メニュレは、医機械論が身体を諸部分の集合と考えることに警鐘を鳴らしている。この文脈で、メニュレはブールハーウェに言及する。メニュレのまとめによると、ブールハーウェは、動物的調和は「必然的に互いに依拠する行動の法則全体に由来する(9)」ものであると考えた。これはブールハーウェが動物的調和にある程度の重要性を与えていたことを示すものである。しかしメニュレはその限界も示す。ブールハーウェの考える動物的調和には「始まりも終わりもない。彼は、生命の最初の法則の吟味を忘れている(10)」。そのことをメニュレは、次のように形容する。ブールハーウェの理論は「孤独で、裸で、まるで生きていない inanimée ようであり、〔諸部分の〕繋がりの中にしか見出せない生命を欠いている(11)」、と。もちろん、身体を非有機的なものと考えるのは論外である。しかし身体を全体的に捉えるだけではまだ十分ではない。その最初の始まりである生命について思索しなければならない。したがって、部分から全体へ、生命不在から生命そのものへ、それがメニュレの目指した方向性であった。

ではそのような全体を活気付ける生命はどこに認められるのか。先の引用で、メニュレは、生命は

「繋がりの中にしか見出せない」と述べていた。生命は、ある特定の部位に限らず、生きている身体全体の中でのみ見出せるものであると考えられている。言い換えれば、目に見える諸部分を超えて、身体を原初的に基礎付ける力がある、それによって身体は有機的で、生きたものになるような力がある、とメニュレは考えた。それはまさにメニュレが引用するように、ヒポクラテスの「身体においては、すべてが協力し、すべてが認め合い、すべてが協働する」[12]という命題を復興させる試みである。ひるがえって医機械論者たちは、身体を諸部分に分割して考える限り、方法論的に、メニュレらの考える生命を見落とす運命にあったのである。

以上の医機械論への批判は、そのまま、生気論が克服すべきもう一つの医学思想であった医化学論への批判にも繋がる。医化学論は、生命を化学で説明しようとする立場である。ここには医機械論と同じ、分割の落とし穴がある。生気論者たちは、同時代の輝かしい化学の業績を認めなかったわけではないが、化学はあくまで実用的目的にのみ供するものであり、生命を論じる医学思想としては役不足であると考えていた。

ところで、身体全体を活気付ける生命の存在を措定することは、アニミスムの立場とどう異なるのだろうか。アニミスムとは、思惟や有機的生命の根源に魂があると考える理論である。代表的な論者にシュタール Georg Ernst Stahl（1659-1734）が挙げられる。シュタールはこう書く。

何も仲介せず、他の何とも協力することなく、身体を直接的かつ無媒介的に導き、刺激し、動かすのは、魂である[13]。

この主張に関して、「動物的調和」の項目で、メニュレはシュタールおよび「シュタール派、あるいは折衷主義者、アニミスト[14]」に触れながら、言及している。

生命を説明し、動物的調和の法則を探求するために魂にまで遡ればいいと考えるのは、結び目を切ることであり、ほどくことではない。問題を遠ざけ、曖昧さの中に隠すことである[15]。

身体全体を活気付ける源を見出そうとする態度に関しては、メニュレはシュタールと共有しているはずである。にも拘らず、ここでメニュレは、シュタールを批判している。それは、シュタールが、身体の目的を魂という身体の外に求め、そこに託しているからである。魂という別次元の概念を措定することは、生きている身体から遠ざかることである。では生気論は、生命を、どのように身体から遠ざけないでいられるのか。「動物的調和」におけるメニュレの批判は、問題を浮かび上がらせたものの、それがどのように解決されるべきかは、明らかにしなかった。

1-1-2　モンペリエ学派

メニュレが「生命」と呼んだものを、「生命原理」として定義し直したのは、モンペリエ学派のバルテズ Paul-Joseph Barthez（1734-1806）である。バルテズに始まるモンペリエ学派こそ、生ける身体を全体的に捉えたとき、生ける身体そのもののうちに現れるものとしての「生命原理」を模索した学派である。ここでは彼らの学説を追うことで、生命ないし「生命原理」の現れ方を問うことにする。

バルテズによる「生命原理」の定義は、一七七八年に出版された『人間学新要素』(16)に見出せる。これが、ピショの述べる生命原理の定義の最初の例である。

運動と生命の現象の実験によって確認できる原因を、私は原理と呼ぶ。したがって、人間身体におけるあらゆる生命現象を生み出す原因を、私は、人間の生命原理 Principe Vital と呼ぶ(17)。

バルテズは、運動を引き起こす力の中には、推進力、引力、そして「動物および植物の生ける力。すなわち静力学、水力学、化学の法則では説明できない動き」(18)があると述べたあと、三つ目の力こそが生命原理によって引き起こされる現象であるとする。すなわち物と物がぶつかったり落ちたりする力は、力学や化学で説明できるが、生物の諸機能に固有の現象は、生命原理によってしか説明できない。ではどのように、生命現象から生命原理を読み取るのか。しかしながらバルテズはこの問いに答えてくれない。

その〔生命原理の〕単一性や部分を見ることはできる。しかしその存在は無限の事実によって明白であるとしても、それがどのように存在するかはわからないのである[19]。

結局バルテズは、生命現象に固有の原理を認めたが、その原理の現れ方については言及せず、否、言及できずに終わった。彼の目的は、生命現象が他の原理に還元できないことを明らかにすることであった[20]。とはいえシュタールと同じように、問題を遠ざけてしまったわけではない。バルテズは、シュタールのように魂をあらかじめ存在するものと想定するのではなく、生命原理は、現象の観察結果に基づいた結果、その存在を措定せざるをえないものだと考えているからである。すなわちバルテズにとって生命現象は結果である。したがってその原因がなければならない。何せ原理とは「実験によって確認できる原因causes *expérimentales*」と定義されているのだから[21]。バルテズは、生命現象の観察によって、その原因すなわち生命原理があるに違いないと考えた。この生命原理の概念を踏襲しつつも、バルテズが踏み込むことのできなかった生命現象の現れ方について、多様な立場を見せたのが、その後のモンペリエ学派である。ビランもモンペリエ学派の論者たちの意見を差異化して捉えているので、ビラン自身の立場を確定するためにも、まだしばらく少しモンペリエ学派の展開を追うことにしよう。

身体において生命原理はどのように現れるかという問いは、それがどこに現れるかを問うことに発展していった。生命原理を問うことは、生きている身体は、どのような資格において死んでいる身体と異なるのかを問うことに繋がる。どのような現象がどのような範囲に見られたら、生命原理があると言うことができるのか。メニュレがあれほど全体的理解の大切さを強調していたこととは裏腹に、バルテズ以降の生気論者たちは、生命の現れうる最小単位を探すようになっていった。バルテズ、ボルドゥ、ビシャの場合を順に概観する。

バルテズに関しては、生命原理はいかなる物質にも付されるものではないと考えた。バルテズは、「動物における生命原理は諸器官の完全さやその物理的条件におけるいかなる変化も伴わずに、蝕まれることがある(22)」と述べていることからもわかるように、身体における物理的条件の変化は、生命原理に影響を与えないと考えていた。身体諸器官と生命原理のあいだには、直接的な繋がりはないのである。バルテズの考える生命原理は、塊として存在する力であって、その境界は見えない。したがってバルテズにおける生命原理の現れる単位を画定するなら、それは個体ということになる。メニュレもこの考えに属する。彼らにとって、生命はあくまで諸機能の総体である。

テオフィール・ド・ボルドゥ Théophile de Bordeu (1722-1776) の場合は、やや異なる。ボルドゥは、バルテズやメニュレよりも一回り年上のモンペリエ学派の論者である。バルテズの『人間学新要素』より三年早く出版された本『慢性的病気に関する研究(23)』で、ボルドゥは、のちにバルテズが表明することを先取りしながら、バルテズとの違いも見せている。まず共通点は、化学や機械論では説明できない生命現象の法則が存在すると考えるところである[24]。そして相違点は、まず、ボルドゥはそれぞれの器官organeの中に生命現象を見て取ることである。

> 人間身体は複数の器官の集まりである。その器官はそれぞれの仕方で生きており、多かれ少なかれ感じることができ、動いたり、働いたり、たまには休んだりするものである。というのもヒポクラテスによれば、動物におけるすべての部分は生きているからである[25]。

生きている個体全体に生命現象を認めたバルテズとは異なり、ボルドゥは器官に生命現象の現れを見ていると言えるだろう。さらにボルドゥは、次の引用に見られるように、生命原理を非物質的なものとして考えたのではなく、それは感性sensibilitéの中にあるものであり、それぞれの器官の生き方は、感性によって導かれていると考えた。

> その最も小さな部分に至るまで、身体は絶えず揺れ、震え、動いている。このような震えは、諸機能の規則性と秩序を保つためにつねに統御されているものであり、感性の原理に従うものである。感性の原理は、死体や魂のない身体における運動における法則とは大きく異なる法則で、すべてを導く[26]。

ボルドゥにおいては、生命原理のもたらす結果は、感性のもたらす結果であり、その結果は器官において現れると考えられている。生命体にとって、彼の有する諸器官は、感性によって導かれるための手段である。

1-1-3　ビシャ

マリー・フランソワ・グザヴィエ・ビシャは一七七一年の生まれである（一八〇二年没）。ということは、ボルドゥより五〇年ほどのち、メニュレよりも三〇年ほどのちに生まれたことになる。またメニュレ、バルテズ、ボルドゥらの時代には、生気論は南仏の街モンペリエを中心に盛んであった。しかしビシャは生気論の流れに与するが、パリの医者である。この時間的、空間的隔たりが、生気論の第二世代を準備した。ここからしばらくビシャの理論を検討することにしよう。

まず、ビシャをそれまでの生気論者たちから区別するものの一つに、生命の定義がある。一八〇〇年に刊行された『生と死に関する生理学的研究[27]』の冒頭に、有名なその定義はある。

死に抵抗する諸機能の集合体 l'ensemble des fonctions qui résistent à la mort、それが生である[28]。

モンペリエ学派の論者たちが生を非有機的なもの対置して理解していたのに対し、ビシャで生を死に対立するものとして描く。この定義には二つの新しさが認められる。まず、ビシャにおいては、生と死の関係から、生と死が定義されている。それは相互依存的な関係である。というのも生は死に抵抗する限りでしか生ではなく、死も生を脅かす限りでしか死ではないからだ。しかじかの生というものがあって、それとは別に、しかじかの死というものがあるのではない。ビシャに見られる生と死は、互いに規定し合う力関係において定義されている。また同じことを別の角度から見れば、フーコーが分析しているように[29]、死に抵抗する諸機能の総体として生を定義することは、すなわち死は生に含まれていることを意味することである。生と死が相互依存的関係にある以上、死は生の果てた先に始まるものではなく、生と同時的に存在するものでなければならない。この定義に則れば、生物の一生は、生が死に抵抗し、いわばそれを抑圧している状態から、徐々に死が優勢になり、支配的になっていく過程として理解されるだろう。

しかしながら、「死に抵抗する諸機能の総体 l'ensemble des fonctions qui résistent à la mort」とは、曖昧さを含んだ定義である。まず、引用にある「抵抗する」という動詞 résistent は三人称複数の主語に応じて活用されているので、抵抗しているのはそれぞれの機能であると考えられる。この立場に立てば、生命全体が死というものに抵抗する一つの機能を有するのではなく、それぞれの機能がそれぞれに死に抵抗していると考えられる。ここに諸機能のある程度の独立性が認められるだろう。しかしながらその諸機能の総体が生命であるのなら、生命は死に抵抗する一つの力であるとも考えられる。

このように、ビシャにおける生命の定義には二つの側面が認められる。一つは死に対抗する力としての生命であり、もう一つはそれぞれの機能に存する生命である。この二面性が、ビシャにおける二つの生命、すなわち動物的生命 vie animale と有機的生命 vie organique の区分へと繋がる。二種類の生命を想定することもまた、これまでの生気論者たちには認められなかった態度である。この二面性のもたらす問題を検証するため、次にビシャにおける二つの生命の区分を確認する。

まず、有機的生命とは何であり、動物的生命とは何であるのか。また両者の関係はどのように考えられるのか。『生と死に関する生理学的研究』において、ビシャは有機的生命と動物的生命が、様々な局面においてどのように異なるかを細かく論証している。実際のところ、二種類の生命は生と死の関係においてどのように区別されるのか、この点を明らかにすることにこの本の主題があると言っても過言ではないだろう。有機的生命とは[30]、それによって生物が生命体としての存在を維持するものである。消化や排出、呼吸など、意識が介在しない生命活動を担うものである。このような生命は、動物にも植物にも認められる。有機的生命が生命体の自律的な活動を指しているのに対して、動物的生命とは、他者との関係を前提としている。他者との交流、思考、運動がこれに属する。これらは意識的な行為であり、したがって動物にしか認められない。動物においては、有機的生命と動物的生命が二重に生きられていると考えられる。

この二つの生命は、まず現れ方において異なる。あるいはむしろ、現れ方が異なる二種類の生命活動があるから、ビシャは二つの生命を措定した、と言った方が適切であろう。二種類の生命は、いずれも、ビシャが生物に固有の属性と考えた、感性sensibilitéと収縮性contractilitéを通して現れる。ビシャは次のように述べる。

感じる機能および自然発生的に収縮する機能が、生命の属性propriétés vitalesである。(31)

あるいは

生命の属性が感じる属性と自ら動く属性の二つに還元されることを見て取ることは容易い。(32)

引用の中で「感じる機能」あるいは「感じる属性」と言われているのが感性であり、「自然発生的に収縮する機能」および「自ら動く属性」と言われているのが収縮性である。これらは大まかに、外界から何かを受け取る機能と、外界に何か働きかける機能として区分されているように思われる。(33)ビシャはさらにこれら二つの属性の下位区分を想定し、その現れ方の違いによって、二種類の生命の違いを論じようとした。分類が細かくなるが、今後の論考に大切な点であるので、しばらくビシャの記述を追う。

まず、感性について。

有機的生命においては、感性とは印象を受ける機能である。動物的生命においては、印象を受ける機能であり、さらに、それを共通の中枢へともたらす機能である。(34)

ここで「共通の中枢」と言われているのは脳のことである。ビシャは感性の下位分類として、印象を受け取る機能を有機的感性 sensibilité organique と言い、脳へともたらす機能を動物的感性 sensibilité animale と名付けた。(35) 感性に関する有機的と動物的との違いは、前者は感じられる世界にとどまっているのに対し、後者はそれを脳に届けることにある。具体的には、前者は胃、心臓、排泄などに見出される。これらは食物や血の流れなどを感じ取ることができるからである。しかしそこで感じられたことは、その器官を超え出ることはない。ビシャの記述によれば、「この感性〔有機的感性〕は始まりも終わりも、器官そのものにある」(36)。一方、肌や目や耳、口など、つまり五感に届く感覚は、器官を超えて、感性を一手に引き受ける中枢、すなわち脳に届けられる。

二種類の感性の差異は、一見明白なように思われるが、ビシャ自身も認める通り、実はその区別はそれほど明確になされうるわけではない。例えば、動物的感性が支配的である口の中で味わった食べ物は、胃に届いて消化される。消化はむしろ有機的感性の担う活動である。この場合、動物的感性が有機的感性に変わるタイミングは、はっきりと言い表すことができない。したがってビシャは、二つの感性は本質的には同じものであるが(37)、現れ方の程度において異なると考えた(38)。

感性が有機的と動物的に分類されるように、収縮性にも有機的収縮性contractilité organiqueと動物的収縮性contractilité animaleという下位分類がある。しかしこの二種類の収縮性の区分は、感性のそれより複雑である。ビシャによれば、動物的収縮性とは「本質的に意志volontéの影響下にある」[39]ものであり、「随意的volontaireと呼ばれる筋肉にのみ存在する」[40]ものである。例として、移動、発声などが挙げられている。それに対して、有機的収縮性は「共通の中枢から独立していて、あらゆる意志的行為から逃れて自ら動く器官にその原理を有している」[41]とされている。例えば消化、循環、分泌、吸収などの動きである。ここでも有機的と動物的との違いは、運動に際して脳を介するかどうかにあるように思われる。

ビシャが、それぞれの収縮性は、それぞれの感性の「続き」[42]にあると述べることも、一見すると、もっともに思われる。例えば胃において食べ物が感じられることは有機的感性によるが、その結果それを消化吸収するのは有機的収縮性である。しかし動物的感性と動物的収縮性はどうだろうか。目に見えるものに対して意志的に動くとき、それは動物的感性による感覚、知覚を経て、動物的収縮性が行使されたと考えることができるだろう。しかし感覚や知覚は、その続きに、必ずしもつねに運動を呼び起こすわけではない。そこでビシャは、次のように保留せざるをえなくなる。

動物的感性は、同種の収縮性が行使されることなく、孤立して実行されることもできる。感覚と運動には一般的関係があるが、この関係は直接的であったり今すぐ実行的であったりするわけではない。反対に、有機的収縮性は、同種の感性から決して分離することはできない[43]。

動物的感性と動物的収縮性のあいだには、分離が起こりうる。その理由を、ビシャはこう述べる。

有機的生命には、二つの機能の間にいかなる媒介もない。同じ器官のうちに、感覚の終わりがあり、収縮の始まる原理がある。反対に、動物的生命においては、二つの機能の行使のあいだに、中間的機能がある。すなわち神経、脳の機能であり、これらは〔二つの機能のあいだの〕関係を中断することもありうるのである[44]。

神経や脳の介在が、あるいは共通の中枢を経なければならないことが、動物的生命における二つの機能の分離の原因である。動物的生命においては、器官が刺激された場合、それは神経を通って脳に届けられることで、感覚され、知覚される（動物的感性）。この刺激に対する反応は、脳に端を発して、神経を通って、各随意筋へと伝えられる（動物的収縮性）。この伝達があることによって、動物的生命は有機的生命と大きく異なる。

次第に、二つの生命は、類比関係にはないことが明らかになる。実際、この後ビシャは有機的収縮性にのみ、感知可能なものsensibleと感知不可能なものinsensibleという下位分類を与えたり、生命の属性とは異なる繊維の属性なるものを認めたりして、二種類の生命の不均衡はさらに広がり、それぞれの概念の境界も曖昧になっていく[45]。しかしビシャの細かい理論展開を追うことはわれわれの目的を超え出るので、ひとまず動物的生命と有機的生命の違いが、脳を介するかどうかにあることを確認して、次の作業に移ろう。

バルテズとボルドゥの違いは、生気を身体の一部に現れると見るのか、全体にしか現れないと見るのかにあった。この問題は、ビシャにおいては複雑である。すでに見たように、生命の定義の中に、二つの異なる側面が認められるからであり、またそれによって有機的と動物的という二種類の生命が考えられているからである。

ビシャは、自然死について次のように考えた。すなわち、動物的生命は死後すぐに停止するのに対して、有機的生命は、例えば消化のように、死後もしばらく存続する、と[46]。ただちに、このことから一つの問いが浮かび上がる。死が生命に対抗する力と定義されるのなら、死後も生き続ける生命とは何か。おそらくこのような生命は、器官的機能としての生命と理解することができるだろう。したがって生命は、死後も分割され、部分的に生きることができるのであろう。では、ここで死んだのは誰か。部分的に生命が存続しているにも拘らず、死んだのは誰か。それは意識であり、生命体が一つの個人として生きることを可能にしていたものである。

ビシャにおける二種類の生命とは、生命に対する二種類の視点を意味している、と言えるであろう。このことはビシャが、死はすでに生命とともにあると考えた時点から不可避的な結論であった。動物的生命の視点から考えれば、生命を構成する単位は、意識がその本質をなす生命体全体であると考えられる。しかし有機的生命の視点を取れば、生命は各器官に存しているはずである。脳や意識を中心とした生命と、生命活動維持を目的とする器官的生命の二つの生命が、ビシャにおいては交差している。

1-2 ビランにおける生気論

1-2-1 ビランの生気論理解

ここまで、前置きとして、生気論の特徴、および主だった生気論者の学説を概観してきた。生気論は、マジャンディ François Magendie（1783-1855）やクロード・ベルナール Claude Bernard（1813-1878）の批判、あるいは細菌学などの発達を受けて、十九世紀後半から次第に衰退していった。ビランは十八世紀後半から十九世紀初頭の人であるので、彼は生気論全盛期を生きていたと言っていいだろう。では、身体を扱うビラン哲学は、どこまで生気論と共鳴しているのだろうか。ビランの書いたテキストの中に「生気」や「生気論」を主題的に扱ったものはない。しかし様々なテキストに、生気論者への言及は散見される。以下では、このような言及の分析をすることで、ビランにおける「意志」ないし「超有機的な力」の概念の内実を浮かび上がらせることを目指す。

まず『思惟の分解についての論文』の中の一部を検討しよう。心身関係を論じるにあたって、ビランはこの論文の中で、当時の生理学を検討している。初めにビランは、感性 sensibilité が次第に「生命体の最も一般的な属性の現れ[47]」と考えられるようになってきていること、しかしそれを論じる方法論はまだ確固たるものではないことを指摘する。すなわち感性を論じるにあたって、力の結合や結果の継起をもっぱら扱う学問では、その本質を捉えきれない。しかしながら、全く根拠のない神秘主義に陥るわけにもいかない。そこで感性を機能として扱うと同時に、感じる唯一の主体の内的な視点から扱うことが必要となる。ビランは言い換えて、感性を扱うためには、生理学と形而上学が必要であるという。そこに現れたのが、ビランによれば、アニミスムのシュタールである。

二つの学問〔生理学と形而上学〕のあいだの最初の結び付きは、シュタールに見出されるべきである。不屈の才能に導かれ、事実であまりにも固められてしまった領域の外で、この著名な生理学者は、生命の諸現象を実現する最初の原因にまで入り込もうとしたように思われる[48]。

単に「魂」という言葉を使用した生理学者であるからというだけではなく、最初の原因に遡ろうとする学究態度によって、ビランはシュタールを、二つの学問の最初の結びつきの例であると見なした。しかしそのすぐ後に、ビランはシュタールの問題点も指摘する。すなわち、魂を自我の外にある実体として考えたことである。なぜ問題か。それは、魂が自我の外にある限り、「因果関係は純粋に想像的な意味でしか捉えられない[49]」、また自我の力の有効性を「理解する現実的手段は一切ない[50]」からである。第一の指摘は、まさしく生気論者たちのシュタールに対する批判と重なる。シュタールのアニミスムについて、メニュレは「結び目を切ることであり、ほどくことではない。問題を遠ざけ、曖昧さの中に隠すことである[51]」と批判していたし、バルテズは「問題となっているものをそのまま措定した[52]」と述べていた。第二の指摘で自我の力の有効性が語られるのは、ビランのオリジナルであるが、これについてはのちに触れることにする。いずれにせよ、生気論者たちと同じように、ビランにとっても、シュタールは、形而上学的視点を初めて導入したことについて評価されるべきであって、その方法は不十分であったようである。

「それゆえ」とことわって、ビランは、この問題を解決するために「生理学者で、シュタールの後継者でありながら、同時にベーコンの弟子でもあり、ベーコンの方法に忠実である一味[53]」が現れたと言う。これが生気論者たちのことである。すなわち生気論者たちは、ビランによれば、シュタールの形而上学的態度を受け継ぎ、内的経験の観察というベーコンの方法を適用した人たちである。彼らは、ビランによれば、「思惟の主体であると考えられている魂から、あらゆる曖昧な機能を取り除いた[54]」。しかしこれら「後継者」たちの中にも、シュタールの抱える問題を克服するために、ビランいわく、二つの分派が形成されたようである。

一つは「似たような機能の考え」を保ちながら、「より下位の動因にその実行を割り当てた者[55]」たちである。このグループの論者たちは、生命体の現象のうちに、魂を見出す。その例として、ビランはバルテズの名前を挙げている。先に生気論者たちについて見たことによると、メニュレもこのグループに数えることができるだろう。それに対して、もう一つのグループは、次のように紹介されている。「観察や経験の感性的結果により近づき、あらゆる仲介、あらゆる神秘的原因を拒否すべきと考えた[56]」者たちであり、「行為、機能、結果のすべてを諸器官の働きに、直接的かつ排他的に割り当てるのにいかなる困難も見出さない[57]」者たちである。感性的に感じられることに近づき、あらゆる仲介、神秘的原因を拒否することは、シュタール批判から浮かび上がった、新たな方向性である。一つ目のグループよりも二つ目のグループの方がその方向性において徹底していると考えられているということは、すなわちビランはこのグループをより好意的に捉えていることの現れと解釈していいだろう。このグループに関しては具体的な論者の名前は挙げられていないが、生命原理を諸器官に帰すとはすなわち、ボルドゥやビシャに見られた態度である。しかしながら、このグループはこのグループで、生命のすべての活動を器官に託していることに関して、ビランは不満なようである。人間の知的活動も器官的機能の結果なのだろうか。ビランは、少なくとも意識に伴う知的活動については、ある原因あるいは超有機的な力の介入を認めた方がいいのではないか、と述べる[58]。言うまでもなく、最後の立場こそ、ビラン自身の立場である。

さて、これら一連の生理学に関する叙述は、ビランの生気論理解を示している。ビランはなぜ当時の生理学の状況からこれらを切り出して、自らの論文に挿入したのか。答えは明白であろう。ビランが描きたいのは、最後に自説を挿入していることからも裏付けられるように、自らの思想の一つのルーツである。それは具体的には、生理学と形而上学との接近、すなわち生命の力が神秘的なそれから身体の側へと降りてくる傾向であり、シュタールに始まってバルテズを経由し、ビシャやボルドゥへと繋がり、やがてビラン自身に至る流れである。ビランは至近のビシャとボルドゥにもなお不足があることを示すことで、自説の由来と正当性を示そうとしていると考えられる。

1-2-2 ビランがバルテズとビシャに負うもの

ここからはさらにビランにおけるバルテズおよびビシャに関する言及に絞って見ていこう。バルテズについては一八〇六年に書かれた「バルテズについての覚書」[59]と一八〇五年から一八一一年のあいだに書かれた「生理学的覚書」[60]がある。ここでビランは、バルテズの述べる生気の概念について論じ、この概念を展開させている。ビランは言う。

バルテズのような生理学者たちは、われわれが有機的力force organiqueと呼ぶものを生気と名付け、この原理が有機体の内的運動のすべてを、意志が付随するものでさえも、実行していると考えた。[61]

ここにはビランのバルテズに対する賛同と批判の両方が見られる。まずビランは、有機的力があると考えており、それはバルテズが生気と呼んだものと同じものだと考えている。しかしビランは有機的力について、さらに積極的な定義を与える。

有機的力は、それが動かす生きている体系のすべての部分に属していて、そこにおける栄養摂取機能や印象の様態を決定している。動物における情感affectionは、それに対応する印象に依拠している。しかし有機的力に固有で、それが排他的である領域は、栄養摂取以外の機能を持たない内的器官に限られている。(……)有機的力は意志よりも影響を与える範囲が大きい、というのも意志の影響は特殊な器官に限られているからである。[62]

ここから読み取れることは、まず、ビランにとって有機的力は生きている身体のすべての部分に見出せること、有機的力によって決定される身体的条件によって情感が定まること、そして有機的力は、意志とは区別されるべきこと、この三点である。一つ目の点については、バルテズも認めるところである。しかしあとの二点は、バルテズには見出されない考えである。ビランにおける情感とは、広く生命体を包み込む基礎的な気分のことであり、意志ではどうしようもないものである。日記のあちこちに散見されるように、ビランは体調をよく崩し、あるいは季節の移ろいを身体で敏感に感じ取り、そのたびに気分が落ち込んだり浮ついたりしていた。『思惟の分解についての論文』でも、「私が純粋情感と呼ぶものは、おそらく、有機的な一般的生命において、協力し、協同する諸機能の最も直接的な結果と考えることができる」(63)と述べられている。身体的機能の良し悪しが、直接的に気分に影響を与えることは、ビランにとって自明の理であった。したがって「生気」あるいは有機的力に関して俎上に載せられているのは、生命活動を維持することだけではなく、それと気分の関係、生命活動が生きている本人の気分においてどう感じられるかという問題である。さらに、ビランは、右の二つの引用において、有機的な力と意志を区分することを要求している。なぜなら、ビランによれば、「反省された自我は、内的な情感を、同時的あるいは継起的に触発された諸器官に関係付けることで識別しているのであり、したがって、情感と全く同化しない限りにおいて、あるいは情感の外に身を置くことによってのみ、そのように判断している」(64)からである。ビランは、有機的な力が情感を決するのであれば、それについて判断する自我は、情感とは別のものでなければならない、つまり生命と意識は区別されなければならないと考えている。なるほど、意のままにならない情感に悩まされる〈私〉は、情感に流される〈私〉とは別の〈私〉でなければならない。反省が加わって初めて、悩んでいるとか意のままにならないという判断が可能になる。生気あるいは有機的力とは、別の力が必要となる。そうしてビランは、ビシャのように、二つの生命を考えるに至る。
続いて、ビランにおけるビシャ読解を吟味しよう。ビランが初めてビシャを読んだのは、アズヴィによれば一八〇二年のことである。[65] この年、ビランは『思惟する機能における習慣の影響』[66]という懸賞論文に応募し、受賞した。おそらく、この論文の発行に関してパリに赴いた際に、ビシャのことを知ったと思われる。この経緯については、一八〇三年八月から十月にかけて書かれた「市民Bに関する覚書」[67]に詳しい。この覚書でビランは、ビシャの書物を読みながら自分に似た思想家を見つけて素直に喜んでいる。

この書物の中に、私の意見の萌芽を見つけ、私一人だけで構築し、それゆえ用心しないといけないと思っていた理論の基礎さえ見つけた、この満足は言い表せない。私の論文を構成し発行する前にこの書物を知らなかったことをどれほど悔いたことか。[68]

額面通りに受け取れば、ビランは、自分一人だけが構築できたと思っていた理論を実はまったく別の人も考えていたと知って、落ち込むというより喜んだようである。二人の理論において、ビランをそこまで喜ばせるほど共鳴しているもの、それは、とりわけ二つの生命についての考えである。ビランはこう述べる。

ビシャが一般的な生命の現象を二つに大きく分類して、一つは有機的生命と呼び、もう一つは動物的生命と呼んだことは、私自身でも考えている受動的機能と能動的機能の区分に合致する。(69)

また別の箇所でビランは、この区分は「ブールハーウェの才能によって(……)予見され、ボルドゥやグリマールなどの有名な医者によっても指摘され、ついにこの人〔ビシャ〕によって立証された」(70)とも述べている。ブールハーウェは、ビランの好んで引用した「人間は人間性において二重であり、生命力において一重である」という言葉を残した。ビランは今、この「二重」と「一重」の区別の基礎に、二種類の生命を見ている。すなわちビシャにおける有機的生命が、生命力における一重の層をなし、動物的生命がそこに加わることで人間性において二重になると考えている。ビラン自身の言葉で言えば、生命力においては受動的機能しか働いていないが、人間性においては能動的機能も働いていることになるだろう。

またよく吟味すれば、ビシャとビランが共有しているのは、二つの生命という区分だけではなく、その生命間の関係についても同じようなフレームワークで考えていることがわかる。ビランは、ブールハーウェの言葉に重ねて人間を理解していることからもわかるように、受動的機能という層の上に、能動的機能の層が重なるものと考えている。このようなヒエラルキーは、すでに見たように、ビシャの二つの生命おいても認められるものである。

しかし本当にビランの言うように、有機的生命と動物的生命というビシャにおける区分は、能動的機能と受動的機能の区分に合致しているのだろうか……。

先回りすれば、結局ビランは超有機的な力という概念を導入することで、ビシャと袂を分かつことになる。ビシャにおける二種類の生命は、ビランの目には何が不足しているように映ったのだろうか。「市民Bに関する覚書」のおよそ一〇年後に書かれた『心理学基礎試論』[71]には、「覚書」には見られなかったビシャ批判が述べられている。それは、ビシャが動物的収縮性と意志的収縮性を混同していたことへと向けられている。詳しく検討しよう。

まずビランは、ビシャが挙げた三種類の収縮性を紹介する。すなわち、動物的収縮性と感知可能な有機的収縮性、そして感知不可能な有機的収縮性である。すでに見たように、動物的収縮性と有機的収縮性との違いは、脳を経由するかどうかであった。有機的収縮性にはさらにそれが感じられるものであるかどうかによって下位分類がある。このうちビランがとくに取り上げたいのは動物的収縮性である。動物的収縮性とは脳における決定に基づいた運動を担う機能であった。この点についてビランは、脳で決定が生じるには二つの方法があることを指摘する。すなわち意志による方法と、刺激を伝える神経による方法である。

一方は、印象が中枢に伝達されるものであるのに対して、他方は、欲された行動であり、逆方向すなわち運動中枢から筋肉へと伝えられる運動である。筋肉のみがこの中枢から収縮の原理を受け取るのである。対立する生理学的象徴のもとに考えられた感性と意志は、したがって異質で、相入れない要素なのである。[72]

器官で受け取った印象が神経を通って脳に伝えられる。それに対する反応として脳が運動を決定する。この場合、運動は外的刺激に反応して生じるものと考えられる。そのような運動の原因は、器官を刺激する外部にある。それに対して、脳に端を発して器官へと伝えられる意志が行う運動もある。われわれの運動は、外的刺激に反応して生じるだけではない。自ら動こうとして身体を動かす運動もあるのである。もちろん、今日の脳生理学や、とりわけアフォーダンス理論の影響を知っているわれわれからすれば、[73]われわれが外界から受け取る印象とわれわれが外界へと働きかける運動は、必ずしもきれいに分離できるものではない。しかしそれでもなお、単に外界の状況に反応して動く場合と、明確な意志を持って動く場合とでは内的経験に鑑みて、明らかに違いがある。

ではそのような意志的な運動において、どこから意志はやってくるのか。この問いに対して、魂を措定するような形而上学的解決も、脳という器官に帰する生理学的解決も十分ではないとビランは考える。というのも意志的な運動と反応的あるいは共感的な運動の違いは、まずもって運動する主体に内的に感じられるものだからである。ビランによれば、ここでわれわれは「運動中枢を動かし、また、中枢が運動器官に働きかけるように、努力を伴う運動において中枢に働きかける原因ないし力の存在を、仮説的に認める必要がある」[74]。すなわち意志は、有機的な身体器官に働きかけ、身体を通してのみ主観的に感じられるものであるが、その原因を器官に還元することのできないものとして、理解されるべき力である。まさにこの力こそが超有機的な力、有機的なものを超える力force hyper-organiqueに他ならない。この力が意志的運動と、共感あるいは自発的運動とを区別する。見方によれば、ビシャの動物的収縮性を二つに区分しようとしているとも言えるだろう。

ここまで見たビランの生気論批判をまとめると次のようになる。ビランは生気論者たちにおける生気のように、有機的な力、生命体に固有の力の存在を認めている。しかしそれを認めるだけでは満足しなかった。ビランはまずビシャとともに、人間における意識的生命を論じるために、生命を有機的と意識的の二種類に分けた。ある意味で、ビランとビシャは生命の原理とは別に意識の原理を考えていたとも言えるだろう。そしてさらにビランは、生命現象に現れる生命原理という考えを維持しながら、また意識的生命の固有性を認めながらも、ビシャの理論を補完するために、意志による運動と自然発生性[75]による運動を区別した。

ビランにとって生気論の魅力は、生命原理をつねに身体のうちに見出したことにある。そのことが生気論をシュタールや他の学派から分けた。しかし意識の原理の基礎には意志があり、意志の基礎には、超有機的な力がなければならない。

しかしわれわれとしては、この意志の現れ方は、生理学的方法の限界を超えるものであることを指摘しなければならないだろう。すなわち、意志的運動と自然発生的運動とは、自らがその運動をする立場にならなければ識別できない。けれども生理学は、研究を進める手段としては観察しか存在せず、その観察される対象は必然的に観察する自己の前に置かれたものであって、自己自身ではない。生理学者には、随意運動と不随意運動を直接的に判別する手段がないのである。まさにこの点、すなわち寄り添ってきた二つの思想が乖離するこの点に、内的観察、反省に基づくビラン哲学の独創的な始まりが見出せる。

1-2-3 生気論を乗り越えるビラン

このような身体像は、ビラン哲学にどのように吸収されるのだろうか。のちの章で詳しく見るが、ビランは情感affection、感覚sensation、知覚perception、反省réflexionの四つの体系からなる自我の発展過程を考えた。それは自己自身についての意識が判明になっていく過程でもある。すなわち情感の経験においては、意識はまだ曖昧であるが、反省の経験に近づくにつれ、次第に判明になっていく。すでに見たように、情感は、有機的な力すなわち健康であるとか不調であるとか、あるいは天気や気分などの原因によって体がよく動くとか重い感じがするとか、そのような身体全体の条件によって決定されるものであった。情感のあり方には、骨も神経も内蔵も筋肉も関節も、身体まるごとすべてが関わっている。それに対して感覚や知覚の経験は主に五感とそこで受け取る印象の認識に関しており、反省は意志的運動によるので今現在動かしている随意筋との関わりで遂行される。要するに、意識のあり方によってそこに関わる身体の様態も変わってくる。あるいはむしろ、身体の様態によって意識のあり方が変わってくると考える方が妥当かもしれない。いずれにせよビラン哲学にとって、〈私〉の身体をどのように生きるかという問いと〈私〉の意識のあり方は、切っても切れない密接な関係にある。

若き日のビランは、自らの経験から、情感が統御できるものではないことをすでに知っていた。気分は意志に反して、絶えず移り変わり、動いていく。例えば一七九四年、二十七歳のビランは次のように日記に書いている。

したがって、この不幸な存在は、全く安定性のない異質な瞬間の連続にすぎない。それは流動的で、素早く捉えどころがなく、それを固定することは全く不可能である。(一七九四年五月二十七日の日記)[76]

それゆえビランの哲学的意図は、このような制御不可能な情感に対して、意志の力のとどく範囲を確定することであった。

もし何か一貫したことを企てることができるなら、どの点まで魂は能動的であるのか、どの点まで魂は外部の印象を変え、それに与える注意によってその強度を増やしたり減らしたりすることができるのかを追求し、魂はどこまでこの注意の主人であることができるのかを吟味してみたい。[77]（同日の日記）

このような哲学的意図を踏まえると、ビシャが有機的生命と動物的生命の区分に興味を持っていたのに対し、ビランの関心の軸は情感に対する意志の力にあったことがわかる。

さて、以上のビランのねらいを踏まえて、ビシャにおける有機的生命と動物的生命の区分と、ビランにおける受動的機能と能動的機能の区分は、本当に一致しているのかを改めて問う必要があるように思われる。この一致は、ビラン自身が一八〇三年に書いた「市民Bに関する覚書」で認めたものであった。しかし実はこの一八〇三年という時期に問題がある。アンリ・グイエによれば、ビランがビラニスムと呼ばれる能動性についての独自の哲学を発展させたのは一八〇四年の春以降である。[78]ビラニスムの開始は、まさに能動性概念の厳密な定義によるものであった。すなわちビランは、能動性とは固有身体〈私〉に感じられる〈私〉の身体〉に働きかける超有機的な力であると定義し直したのである。一八〇四年十二月にフランス学士院に送られた論文『思惟の分解についての論文』以降は、この新たな能動性の定義が採用され、その結果、この論文以降ビランは、意志を伴う運動と意志を伴わない運動を明確に区別するようになった。したがって一八〇三年にビランが、ビシャの動物的生命に重ね合わせて見た能動的機能は、まだビラニスムにおける能動性概念ではない。ではビランが能動性を超有機的な力に限った結果、ビシャとビランとの共鳴にどのような変化が生じたのだろうのか。

曖昧になってしまったのは、脳を経由するが意志的ではない運動、すなわち共感的とか自然発生的とか呼ばれる運動である。ビシャにおいては、これらは動物的収縮性として考えられていた。しかしビラニスム期以降のビランは能動性を意志的運動にのみ現れるものと理解したので、これらはむしろ能動的ではないもの、すなわち受動的なものと見なされるようになった。結果、ビランにとって受動的機能は二種類存在することになる。ビシャで言うところの有機的生命の活動と、共感的あるいは自然発生的な生命活動である。実際、有機的なものと自然発生的な本能は、ビラニスムのビランにおいて同列に扱われることが多い。例えば『思惟の分解についての論文』で、「有機的中枢が共感的機能しか実行しないのなら、あるいは(……)反応したり、本能の決定や運動を実行したりしかしないのなら(……)」[79]と述べている箇所がある。前後の記述に照らし合わせれば、引用中の「有機的中枢」は意識的生命に対立するものとして、「本能の決定や運動」は意志を介さないあらゆる種類の運動として考えられる。しかしこのような術語の使い方は、ビシャからすれば明らかに定義に反している。ビシャによれば、脳を経由するものはすべて有機的ではなく動物的生命に数えられるはずだからである。

したがって「有機的」という言葉に込められた意味は、ビシャとビラニスム期以降のビランにおいて

	器官	脳（自然発生的）	意志
ビシャ	有機的生命	動物的生命	
ビラン	有機的な力		超有機的な力

異なるものとして理解されなければならない。ビラニスムのビランが「有機的」と呼ぶものは、ビシャ風に言えば、有機的生命ならびに意志を欠いた動物的生命のことである。ビランにとって意志が主な関心事であったことに照らし合わせれば、おそらく「超有機的」な力以外はすべて「有機的」と括られたのであろう。その結果、脳を経由するが意志の介入していない自然発生的な運動は、ビラニスムにおいて確固たる居場所を失うこととなった。自然発生的運動は、ビシャにおける有機的生命と同定することもできないし、ビランの言う意志的な運動にも帰すことができない。いわば能動性と受動性のあわいに存在する。このことがもたらす問題については、第6章で詳しく見ることにして、ここまで見てきた三種類の生命を上の図のようにまとめることにしよう。

まず諸器官における生命がある。これは、器官の機能に由来し、脳の働きを介さずに生じる。この種の生命を支えるのは、バルテズの言うところの生命原理であり、ビランが有機的生命と言い直したものである。次いで、自然発生的な、いわば脳の生命がある。刺激を受け取り、脳の決定によって反応をする。この決定は自然発生的であり、意志的ではない。最後に、意志的な

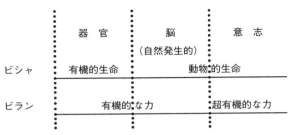

生命がある。意志決定によって動く生命であり、ビランの言う超有機的な力によって支えられている。ビシャの動物的生命には二つ目と三つ目の生命が、ビランの有機的な力には一つ目と二つ目の生命が含まれる。

ビランにとって意志とは、有機的な秩序を超えたものである。しかしそれは神秘的な力でもなければ、人間存在を超えた力でもない。意志は有機的身体に働きかける限りにおいてしか存在できないからだ。有機的なものを超えるとは、意志が人間身体の生理的機能に由来せず、したがって器官の働きに還元できないことを指す。意志が現れるとき、意志する主体にとって身体は随意筋として浮かび上がり、それに伴い意識は明晰になると考えられる。

第2章　ビランとトラシ

第1章では、ビランにおける「意志」の内容を確認した。この章では、その「意志」がどのように現れるのかを検討する。そのために、ビランによるデステュット・ド・トラシDestutt de Tracy（1754-1836）批判を検討する。トラシはコンディヤックEtienne Bonnot Condillac（1714-1780）を批判的に継承したイデオローグの中心人物である。

すでに見たように、有機的身体との関係において意識を論じること、あるいは身体のあり方と意識のあり方の密接な関係を認めることは、ビラン哲学の大きな特徴の一つであり、ビラン哲学が思弁的に陥ることを防ぐ効果もある。では意志は、どのように身体に働きかけるのか。

ビランは、意志を対象として考察することには限界があり、意志は主観的にしか記述されえないと考えている。実はトラシもまた、運動を俎上に載せようとした哲学者の一人であり、その際、主観的視点を取ることの重要性に気付いていた。トラシがコンディヤック批判の中で運動の重要性を述べた『思惟の機能についての論文』は一七九八年の出版であり、ビラニスムの開始（一八〇四年）よりも早かった。しかしながらトラシは一八〇一年に出版した『イデオロジー要綱』において、一七九八年の自らの立場を否定するに至る。このトラシの軌道修正は、ビランを失望させた。そして一七九八年のトラシの立場を深めることで、ビランは一気にビラニスムへと近づいていく。以上の経緯を踏まえて、この章では、ビラニスムにおける意志の現れ方を明らかにするために、まず一七九八年のトラシの立場を、コンディヤック批判を通して明らかにし（2-1）、ついで一八〇一年のトラシの立場変更を確認（2-2）、最後にビランのトラシ批判を通してビランとトラシの立場の違いを浮き上がらせる（2-3）。

2-1 トラシのコンディヤック批判

トラシのコンディヤック批判を検討しよう。まずコンディヤックは、イギリス経験論の影響下で、のちに感覚論と呼ばれる自我形成についての理論を展開する。彼は未だ何も経験していない状態の人間を想定して、彼がどのように意識を持つように至るのかを論じた。それによって、人間の基礎的様態は何であるのかを探ろうとした。人間を、動物から分け隔てる原初的な事実は何か。コンディヤック理論の特徴は、感性を人間存在の基礎的様態として考え、そこからすべての人間の機能は、知的機能も運動機能も含めて、引き出せると考えたところにある。内容の可否は別にして、自我が形成される過程を論じるという哲学的方法それ自体は、トラシにもビランにも引き継がれたものである。先にコンディヤックの考えを駆け足で見る。

コンディヤックの思考実験は、『感覚論』に詳しい。[1] 自我の成立を論じるために、この書でコンディヤックは、まず嗅覚に限定された立像を想定する。

> 嗅覚に限定された立像の知識は、匂いの上にしか広がることができない。（……）したがって彼の〔嗅覚〕器官に差し出される対象によって、彼はバラの匂い、カーネーションの匂い、ジャスミンの匂い、すみれの匂いになる。一言で言えば、匂いは、立像にとって、立像自身の変様であり、存在の仕方なのである。[2]

この立像には嗅覚しかなく、まだ自我の意識がないので、匂いを対象化することができない。したがって立像にとっては、まだ外部も内部もない。匂いそのものが立像のあり方である。なお、人間の原始的様態として感性を措定することは、トラシにもビランにも引き継がれた。トラシは「感じることでなければ、存在することとは何であろう」[3]と述べ、ビランもまた「人間は、覚知し、知る前に、感じ始める」[4]と言い、それぞれの仕方で、感性的経験を、生きている限り感じる基礎的経験として、認識に先立つものとして認めている。コンディヤックにもトラシにもビランにも、感性の只中にある様態は、認識機能が発達し、人格personnalitéが形成されたのちに回顧的に認められるものである。しかしこの人格の起源について、三者は異なる。

コンディヤックは、嗅覚だけに限定された立像から順に、注意、快不快、欲求、記憶の機能を引き出していく。すなわち対象を気にかけるようになり、その匂いを快いとか快くないとか思い、次第に快い匂いを求め、過去の快かった匂いを記憶していく、と考えた。ここまではトラシもコンディヤックに同意している。しかしその後、コンディヤックは、嗅覚や味覚や視覚では外的物体の存在について知ることができないとして、触覚にその役割を見出す。

立像が自分自身に触れる限りは、彼にとって彼しか存在していないかのようである。しかし立像が外的物体に触れるとき、手のうちで修正されていると感じる自我は、この物体において修正されていないと感じる。もし手が「私は」と言えば、手は同じ反応を〔外的物体から〕受け取らないだろう。そのことから立像は、完全に自分以外のものとして存在する仕方があることを学ぶのである(5)。

コンディヤックは、主体が動かす手の中に抵抗を感じることで、外的物体が存在していることが知られると考えている。外的物体の存在が触覚から引き出されたので、その結果、コンディヤックは、触覚こそが外的物体が存在することについての立像に知識をもたらすと考えた。そうして、思考実験の続きで、触覚が、いかにして他の感覚に外的物体の存在を教えていくかを検討してゆく。

この点において、トラシはコンディヤックから乖離する。トラシも手の中に感じる抵抗の重要性を認めている。しかしトラシにとってコンディヤックの分析は十分ではない。トラシに言わせれば、抵抗が感じられるのは触覚によるのではなく、主体の持つ運動をする機能、トラシの言葉で言えば、動性、*motilité* による。動性こそが外的物体の存在を知らしめるものである。トラシはこう述べている。

> 運動をする機能およびそれについて意識を持つ機能のみが、われわれが物体と呼ぶものが存在するということをわれわれに教えてくれる。それは、われわれの運動に反対する物体の抵抗によって知られる。この機能を、簡潔に、私は動性と名付ける。それはわれわれの自我と感性的宇宙を繋ぐ唯一の繋がりである。[6]

われわれ自身の経験に鑑みてもわかるように、抵抗を感じるために必要であるのは、それに向かって、それを克服しようとするわれわれの力である。触覚によって知られることは、ざらざらしているとかつるつるしているとかであって、それは力の経験の二次的産物である。例えばテーブルの上に手を置いてみよう。手を強くテーブルに押し付ければ押し付けるほど、手の中に抵抗を感じる。逆に力を弱めれば、感じられる抵抗も弱まる。ここで変化しているのは触覚ではない。変わっているのはわれわれの努力の強度である。それによって抵抗も変化する。したがって外的物体による抵抗を感じるのは、触覚ではなく、触覚とは別の次元で働いている動性によるのである、とトラシは考えた。

トラシは、動性は五感を超えたものであり、第六感であると考える。

これ〔動性〕は、いわば、それだけでわれわれの感じる一般的機能の半分であり、外の感官が集まってもう一つの半分を構成している。すなわち、われわれのすべての感官は外的物体について覚知することなくそこから様々な印象を受け取る機能を構成している。そして動性が、われわれの運動に対する抵抗の印象をこれら同じ物体から受け取りに行く機能なのである。それによってわれわれは物体の存在を知る。(7)

それゆえ、運動をし、それについて意識を持つ機能とは、ある種の第六感である。そしてそれのみがわれわれの自我と外的物体とのあいだにある関係を感じさせてくれるのである。(8)

トラシは、五感で感じる印象をもたらす物体そのものの存在および、それらとわれわれの関係については、動性によって知られると考えている。動性によって抵抗を感じて存在を認めることができなければ、われわれにとって単に見えるもの、聞こえるもの、匂うもの、味のあるもの、そして肌で感じるものは、実際に存在しているかどうかはわからない。われわれが触ろうと思って触れるもの、抵抗を感じることのできるものこそが、われわれ以外に存在しているものである。五感を「受け取る機能」、動性を「受け取りに行く機能」と区別しているように、トラシは印象の受動的受容に関わる機能と、能動性を含む機能を区別している。

では、動性と五感の関係はどうなっているだろう。一方では、動性は五感で受け取る印象の原因に関わることを考えれば、動性は五感よりも根源的な機能であるようにも思われるが、他方では、「第六感」や「半分」と「もう半分」という言い方からもわかるように、単に横並びの関係であるようにも思われる。実際、『思惟の機能についての論文』を読み進めると、動性はひとまず五感と同じ資格を与えられているように思われる。この本の第二章では思惟を構成する五つの機能の分析が行われており、その第一のものである感性の記述において、動性と五感の関係が論じられている。トラシにとって感性とは、感覚sensationの知覚perceptionであり、感覚とは意識に生じるあらゆる表象を指す知覚のうちで、[9]知的性格を持たないものである。ここでトラシは三種類の感覚を挙げている。すなわち五つの感官を通して受け取る感覚（外的事物による）、快不快の感覚（内的感覚）、そして運動の感覚（内的および外的感覚）である。一つ目の感覚は五感によるものであり、三つ目の運動の感覚が動性によってもたらされるものである。[10]しかしそうすると、ここで運動感覚は、五感よりも根源的であるはずの機能を放棄して、五感と同じ資格で「感性」として数えられているということになる。もしこの記述をそのまま受け取るなら、トラシのコンディヤック批判は、結局もう一つの感覚を増やしたことにすぎなくなるだろう。

ところがトラシのこの論文をさらに読み進めると、またしても混乱にぶつかる。先にも述べたようにこの本の第二章では、思惟を構成する五つの機能の分析が行われているのであった。その一つ目として挙げられたのが感性である。トラシは、やはりコンディヤックと同じように感性から思惟の発生を論じようとしているのであり、その中に運動感覚が挙げられているのであった。しかし残りの四つの機能を順に見ていくと、感性を基に記憶が形成され、判断が生じ、意志が生じ、動性がもたらされる、と書かれている。この動性とは、もちろん動く機能のことであり、運動と抵抗を感じる機能のこと、運動感覚をもたらすはずの機能である。トラシによれば、動性によって、「単なる快不快の情感ではない初めての知覚であり、真の知」[11]がもたらされるとされる。なぜなら、すでに見たように、動性が外的事物の存在を知らせるからである。

明らかに、問題は、思惟の五つ目の機能として登場する動性がもたらすはずの運動感覚が、一つ目の感性の中に数えられていることにある。動性は感性の一つにすぎないのか、それとも真の知をもたらす権能なのだろうか。残念ながら、トラシ自身もこの点について明瞭ではなかった。例えば感性を説明する箇所で、こう述べている。

この感覚〔運動感覚〕なしには、運動はわれわれにとって何者でもない。というのもわれわれは運動について気付くことができず、それについて意識することができないからだ。したがってわれわれにおいて感じられる運動のすべての結果を感覚に帰することができるだろう。しかし、他方では、この感覚は、動く機能がなければ生じないものであるのだから、この機能に、それがもたらす運動感覚のすべての帰結を関連付けるだろう。(12)

動いている感覚が先か、動く機能が先か。この絡み合った結び目をどう解けばいいのだろうか。一つの可能性は、思惟の機能として挙げられる五つの機能、すなわち感性、記憶、判断、意志、動性は発展的関係になく、ただ並行して列挙されていると解釈することである。ある箇所では、トラシ自身も「動く機能なしに、厳密には、いかなる判断もない(13)」と述べている。ということは、三つ目に挙げられている判断も、運動感覚と同様、五つ目に挙げられている動性のあとに生じると考えられている。ならば五つの機能はただ単に並列関係にあると考えた方が、整合的であるように思われる。

しかしながらこの解釈も、推し進めることはできない。なぜならやはりトラシ自身が、例えば、感性は「前進するにつれて発展する」とか、意志は「判断の使用からしか生じずne peut naître que、判断は同時的で識別できる複数の感覚からしか生じない。最後にやっとEnfin vient、思惟の機能の五つ目の部分がやって来る。すなわち動性である」などと書いているからである。「〜からしか生じない」「最後にやっと」という言葉遣いからは、トラシが時間的発展を前提としていることが窺える。しかし混乱は深まるばかりで、時間的発展を前提とするなら、例えば最後の引用などは、つい先ほど見た「動く機能なしに、厳密には、いかなる判断もない」という言明と明らかに矛盾している。結局トラシの混乱は解決されるどころかますます深まるばかりであり、コンディヤック批判の要として華々しく登場した「動性」の概念は、次第に陰りを見せてゆく。以上が、一七九八年時点でのトラシの立場である。

2-2 トラシの自己批判

一八〇一年に、トラシは『イデオロジー要綱』を発表した。この書でトラシは、大幅な立場変更を行う。この書の第七章の補遺で、トラシはこう述べている。

昔、私はもっと遠いところにいた。当時私は、もしわれわれが感じている力としてのわれわれの存在しか知らなければ、またもしわれわれが物体を知らなければ、永遠に印象を感じることしかせず、関係や欲求を感じるに至ることは決してないと考えていた。そのように考えるなら、われわれの判断や意志は、決して働き始めることはないだろう。今になって、当時の私は間違っていたと思う。(14)

当時の立場とは、一七九八年の『思惟の機能についての論文』のことである。トラシは、無意識的な思想の発展を経たのではなく、意識的に自らの立場を変えた。この立場変更において重要な役割を果たしたのが、先ほどから問題になっている運動感覚である。

『イデオロジー要綱』第二章から第五章までは、感覚機能の分類をテーマとしている。そこでは感性、記憶、判断、意志が、発生順に論じられている。すなわち一八〇一年の立場において、運動は、これら四機能よりも確実にあとに来るものとして考えられた。そして運動感覚については、次のように述べられる。

実際に、私の腕が動く。その時点で私はまだ、それが私の腕であることも、私に腕があるということも知らない。しかし何か運動感覚を感じている。そこで、私の腕はそれを止めるある物体に遭遇する。私は物体があるということは全く知らない。運動感覚は止み、そのような存在の仕方をもはや感じなくなる。（……）

少なくとも、この感覚の変更から、私の運動感覚の停止の原因となるものが私の自我とは異なる存在であるということを認めるように必然的に至るということは感じられない。かつてはそのようになると考えていた。しかし私は進みすぎていたように思うのである。(15)

トラシは自分が間違っていたというよりも、早く進みすぎたと考えている。一八〇一年のトラシは、運動感覚が中断されても、それは自分以外の存在があるからであるとすぐに考えない。外在性を認めるのに、まだ何が必要であるのか。それは意志の機能である。トラシにとって、意志とは欲望を満たそうとするために生じる機能である。身体が、意志によって動かされ、そのような運動が止められたときに

必然的に、自分以外の存在を知る。私の欲望の達成に対立する存在である。この欲望は私のうちにあり、私である。それに抵抗するもの、それに反対するものは私の外にあり、私とは別のものである。[16]

ことがわかるとトラシは述べる。したがってトラシによれば、単なる運動は、方向付けされていない運動である。そのような運動が止められても、そこには方向付けがない以上、外在性の認識には至らない。意志と欲求が運動に目的を与え、すなわち自我から欲する対象へと方向を形成するのである。意志と欲求があることによって、運動感覚は〈私〉に、抵抗する感覚は外的事物に属していることが知られる。単なる運動に欠けているのは、その運動が〈私〉に属しているという感覚である。このような理由から、先ほどの引用でも、運動感覚があることからすぐに身体を持っていることが帰結されなかったのであり、また外在性の判断は意志と欲望のあとからやって来ると考えられたのである。

〈私〉の動性を保証する意志と、それを止める抵抗を知るために必要であるのは、トラシによれば、欲求を満たそうとする運動とそれを阻もうとする外的事物に限定されている。この姿勢は『思惟の機能

についての論文』でも基本的に同じであった。すなわちトラシにとって運動はあくまで外的事物に向けられたものである。運動が自我と外的事物とのあいだにしか想定されないものである以上、外部へと向けられていない運動は、自我に属しておらず、それゆえ外在性の判断にとって十分な根拠を欠いている、ならばそのような運動を外へと向けるためには欲求と意志が必要である、とトラシは推論したのである。

ところでビランは、〈私〉と固有身体 corps propre のあいだにも意志と抵抗の関係があることに着目した。固有身体とは、〈私〉にとって感じられる〈私〉自身の身体のことである。ビランにとって、〈私〉が〈私〉自身の身体を動かそうとするだけで、意志と抵抗は感じられるものであった。それは固有身体が、意志に抵抗することのできる存在であると気付いていたからである。運動を外的事物へ向かわせなくても、身体を意識的に動かそうとするだけで、それを動かそうとする意志とそれに筋肉レベルで抵抗する固有身体が感じられるからである。

トラシは固有身体に由来する抵抗に気付いていたのだろうか。断言できないが、おそらく気付いていなかったと思われる。あるいは気付いていたとしても、そこに十分な関心を払わなかった。アズヴィが指摘しているように、[17]『イデオロジー要綱』第七章および補遺には、固有身体の抵抗について述べている箇所がある。そこでは、物体の抵抗という基礎的属性なしには、われわれは「外的物体も自らの身体も知ることができない」こと、「われわれ自身の運動さえも気付くことができない」こと、「なぜなら運動に対するわれわれの四肢の抵抗が運動感覚を引き起こすからである」ことが述べられている。[18] この「われわれの四肢の抵抗」という部分だけを見れば、固有身体の抵抗についてトラシは確かに言及している。しかし物体の抵抗がなければ自分自身の運動さえ気付くことができないとされているように、固有身体の抵抗が感じられるのは、あくまで外的物体の抵抗に出会った結果である。したがって四肢の抵抗が感じられる場面として想定されているのは、われわれが外的物体と遭遇した際に、その外的物体から受け取る抵抗を四肢がわれわれに伝える場面であり、〈私〉が〈私〉の身体を動かす場面ではない。ここで描かれている固有身体の抵抗は、〈私〉の意志に対するものというより、外的物体の抵抗を運動感覚に昇華するものとして捉えられている。

そう考えると、トラシがこの記述を「もし物質が抵抗のないものでありうるなら、われわれ自身以外のものを知ることはないだろう。それも感じる能力としてのみわれわれを知るしかないだろう[19]」と締め括ったことも、納得のいくことである。抵抗に出会わなければ、感じる能力としての自分自身しか知ることができない。裏を返せば、抵抗に出会わなくても、感じる自分自身だけは知ることができる。この知り方がどのような種類の知であるのか、トラシは明白に書いていない。けれども少なくともトラシは、意志的運動において動く能力としてのわれわれが知られるとは考えていなかったようである。実際トラシは、「あらゆる操作は、唯一の事実の中、すなわちただ一つの何らかの感覚の知覚の中に、すべて存在しているのであり、実際に存在しているのである。[20]」とさえ書いてしまうのである。われわれについての知は、運動に固有のものではなく、感性的経験に帰すことができるのである。むしろ感性的経験こそが、その後に発展するすべての人間機能が含まれていると、トラシは考えたようである。つまり、一八〇一年のトラシは、コンディヤックの感覚一元論へと立ち戻ることになった。

2-3 ビランとトラシの対決

グイエやアズヴィが指摘するように、ビランはトラシとの対決を通して自らの哲学を深め、ビラニスムを形成していった[21]。若き日のビランは一七九八年のトラシに感銘を受け、次いで一八〇一年の立場変更に失望した。一八〇四年三月一日頃にビランがトラシに宛てて書いた手紙にビランの心境が綴られている。この手紙でビランは、「最初のお仕事〔思惟の機能に関する論文〕において、あなたは、それまでの先行者たちよりさらに一歩進まれました。このことは私にとって非常に偉大なことに思われました[22]」と述べたあと、その賞賛を動性の概念に向けている。

判断は運動感覚の中に、本質的に相対的な最初の努力の中にその源泉を有していること、この特殊な感覚の外では、いかなる知的機能も実行できないことを、当時のあなたは示されました。その結果、コンディヤックの権威に対して、純粋に情感的な感覚に限定され、運動を欠いている〔ここに困難のもとがあるように私には思われるのですが）存在、それも外的障害の抵抗を感じることなしにこの動く機能を実行する存在は、現在の自らの存在以外は何も知ることができないこと（……）が帰結されます[23]。

ここにはっきりと書かれているように、ビランは、コンディヤック批判として、トラシの動性概念が有効であると考えている。一七九八年のトラシの何が魅力的であったかを詳らかに述べることで、ビランには、トラシに当時の立場を思い出してほしかったのかもしれない。しかしその動性概念こそが、一八〇一年のトラシの大きな変更点であった。

拙宅にあなたの『イデオロジー要綱』が届いたとき、私はちょうどこのご論考〔思惟の機能に関する論文〕の最後の方を読んでいました。驚きと、ある種の心痛を持って、コンディヤックによって提唱された排他的感覚の理論に近づくために、あなたが放棄されたこと、あるいは少なくとも動性に関する原理を限定されたことを見ました[24]。

ナポレオンを除いては名指しで誰かを糾弾することのほとんどないビランが、控え目に、しかしはっきりと、ここでトラシへの失望を述べている。一八〇一年のトラシの立場変更は、ビラニスム的観点からすれば、「後退[25]」であった。自身でもコンディヤックを超克しようとしたビランにとっては感性一元化こそコンディヤックの間違いであり、トラシの動性こそ問題を打破する鍵であると思えていたのに、肝心のトラシがその動性を取り下げて、コンディヤック寄りの立場を表明するようになってしまったのである。ビランがトラシに向ける批判の一つ目は、トラシが感性を絶対的なものと見なしていることに向けられている。

ビランによれば、この問題は、視点の混同に由来する。一八〇四年四月三十日頃のトラシ宛ての別の手紙では、この問題が詳しく論じられている。ビランいわく、人間の学の出発点には、三つの方法がある。すなわち内的事実を観察するための反省、われわれの現在の存在をいわば外側から見るための生理学的方法、そして同じくわれわれを外側から見て、結果から原因を演繹するための、すなわち観察するより仮説を立てるためのコンディヤックの方法である[26]。扱うべき対象に応じて、それぞれの方法を適宜使用しなければならない。すなわち内的な事実については反省を用い、事物の表象については生理学的方法を、直接的感情についてはコンディヤックの方法を使わなければならない。内的事実と直接的感情はどう異なるのか。ビランによれば、内的事実とはあくまで自分自身で省みる自分の意識の状態である。そこには観察する〈私〉と観察される〈私〉の区別がある。それに対して直接的感情とは、未だ意識が確立されておらず、感性的経験が絶対的である状態である。コンディヤックの言うような、バラの匂いを嗅ぐとバラの匂いそのものになる状態である。ここにはバラの匂いだけがあって、バラの匂いを嗅ぐ〈私〉がない。〈私〉の意識は匂いの中に吸収されている状態である。

さて、ビランにとって、トラシの間違いは、この中の一つ目の方法と三つ目の方法を混同したことであった。これは実は一七九八年の時点で、すでにトラシが犯していた過ちである。ビランはトラシ批判を展開するうちに、この問題に気付いた。

最初のご著書で、あなたは事実から出発されました。われわれ自身の現在の観察がわれわれについて教えてくれるような事実です（……）。しかし、経験や（……）知識の秩序において第一にあるこの事実に先立って、この反省された観念の体系の外にある別の事実を前提されました。それは、反省の体系とは異質であり、同じ形式であるように見えながら全く異なる考えに属するものです。説明いたします。あなたの最初のご著書で、のちに何度も繰り返されることになる言説が見出せます。すなわちそれは、純粋で単純な感覚はわれわれの存在以外の何ものもわれわれに教えない。内的変様においては、外部や器官とのいかなる関係もなしに、自我についての知識ならびに自我の継起的様態のみが含まれている、という言説です(27)。

ビランが問題と考えているのは、トラシが、純粋で単純な感情、すなわちビランによれば自我に先行する感情の中に自分自身についての知識を認めてしまっている点にある。確かにトラシは、外的事物にぶつからなければ自分自身以外のものについて知ることはないと述べていた。ということは、裏返せば、自分自身のことだけは単純な感情によって知られうるということである。

この言葉を使うことをお許し願いたいのですが、問題は、次のことにあるのです。すなわち、人格的な存在の感情を、感性的情感と同一視してしまったことです。動性がなく、純粋に感じるあるいは情感的な存在が、判断や関係についての感情を自らのうちに知ることないままに、自らの存在を知ってしまうと考えたことです[28]。

「感性的情感」「純粋で単純な感覚」は、ビランによれば、非人格性によって特徴づけられるものである。それは、厳密には、われわれについて知ることを可能にするものではない。知る〈私〉と知られる〈私〉に分かれる以前の、ただそのようにある状態である。この非人格性の中に人格性を紛れ込ませてしまったために、トラシは結局コンディヤックと同じ轍を踏んでしまった。以上がビランの言い分である。

ではこのような手紙を受け取って、トラシはどう反応したのだろうか。一八〇四年九月のトラシからビランに宛てた手紙では、こう述べている。

私以外のものを知るために相対的様態 *mode relatif* が必要であることはよく理解できます。しかし、私自身を知るために絶対的様態 *mode absolu* 以外の他のものが必要である理由がわかりません[29]。

ビランはあくまで意識は相対的であり、二項から成ると考えている。それは自分自身について知る場合でも、自分以外のものの存在について知る場合でも同じである。二項のうちの一つは〈私〉の能動性なので、意識はつねに、その能動性とそれに対する経験とのあいだで形成されると考えた。それに対してトラシはあくまで、自分自身を知るときには一項だけで構わないという立場である。自分自身については感情によってすでに知られているのであって、外的事物について知るのはその後のステップである。自己についての意識も含めてすべて意識は関係的であると考えたビランと、自己意識は一元的で充足的であると考えたトラシ。二人の歩む道は、別れてしまった。

ではどうしてビランは、自分自身を知るために、本質的に相対的な意識が必要であると考えるようになったのか。それは、先にも少し述べたように、ビランが、自分自身の意志が自分自身の身体を動かす運動を発見したからである。それは意志的な運動であり、外的事物に向けられる運動ではなく、運動そのものが目的である運動である。ビランは、自分自身の身体のうちに、すでに意志と抵抗という二項があること、すなわち身体を動かそうとする超有機的な力とそれに対抗する有機的身体との相対的関係があることに気付いた。トラシは運動を自我と外的事物とのあいだにしか考えていなかったので、自分の身体のうちに起こっている相対的関係が眼中に入ってこなかった。ここにビランによるトラシ批判の二つ目のポイントを見て取ることができるだろう。

以上のトラシ批判を経て、ビランは意志的運動を〈私〉についての知の出発点とはっきりと考えるようになった。ビランによれば、まだ意識の確立されていない絶対的な感性的経験において、自我の能動性は一切ない。そのような経験は純粋に受動的であり、したがって非人格的である。ここからビラニスムにおける二階建て構造が見えてくる。受動的な感性的経験は意識に先立つ。しかし自我の能動性がそこに加わるようになると、二項的あるいは相対的な関係が生まれ、意識が構成される。ビランが、ブールハーウェの「人間は、生命力において一重であり、人間性において二重である」という文言を好んで引用する理由である。人間が単にその身体の生理的機能によって生命活動を行い、そこに〈私〉の意識が全くない場合は、人間は一重である。それに対して、人格を持って、もろもろの体験を生きている場合は、たとえその人格についての意識がほとんど省みられないほど朧気であったとしても、人間は二重であると、ビランは考えた。

では章を改めて、ビラニスムの思想を検討することにしよう。

第3章　ビラニスムにおける自我の体系

先の二つの章で、ビラニスム形成の下地を見てきた。生気論者たちの考える生気は、ビラニスム期の哲学においては有機的な身体に働きかける超有機的な力すなわち意志として捉え直された。生気論者たちが対象的に捉えたものを、ビランは主観的に捉えようとした。トラシの哲学は動性の概念によって、抵抗と出会うことによって自らを知るという構図を持ち出した。ビランはその原初的関係を、意志と固有身体のあいだに見出し、運動自体が自己目的化している意志的運動を、意識の出発点であると考えた。

さて、そのような運動を基軸とするビラニスム哲学はどのようなものであるのか。ビランは意識の出発点という意味で、しばしば意識を支える二元性を「原初的事実fait primitif」であると述べる。この「原初」性は、どのような意味での原初性なのか。いかにして意志的運動はその他の人間的経験を基礎付けることができるのか。これらの問いを中心に据えながら、この章ではビラニスム期の思想が包括的に描かれている『心理学基礎試論*Essai sur les fondements de la psychologie*』を主に参照しつつ、ビラニスムの思想の全体像を描き出していくことにする。この書は、F・C・T・ムーアによれば、大部分が一八一二年までに執筆されたと考えられる(1)。出版には至らなかったが、一八〇四年頃から一八一三年頃まで続いたビラニスム期を総括する意図で書かれた著作である(2)。

3－1 原初的事実の性格

トラシのように動性と感覚を同列に並べることは、ビランにはできない相談であった。というのもビランは運動を、純粋な感情より意識の発達した次元に、そして感覚的経験よりは根源的な次元に、すなわち無－人格的な感情を除く感覚やその他の経験を基礎付けるものとして考えていたからである。したがってビランは、トラシが単に感覚と呼ぶものを、純粋に受動的な「情感affection」と、受動性と能動性の協働の結果である「感覚sensation」と区別し、その二つのあいだに意志的運動を挿し入れた。運動は、一重の生であり意識に先立つ情感を基礎付けることはできないが、感覚や知覚などの二重の生、すなわち意識の活動を基礎付けることができる。

意識の原初的事実である二元性の位置付けには慎重を要する。すでに『心理学基礎試論』の構造がそれを物語っている。この書は二部構成である。第一巻では先行する哲学者たちの批判に続いて、原初的事実の分析がある。原初的事実とは、意識的存在としての自我の基礎を作るものであり、したがってたとえわれわれが明白に意識していなくても、われわれの人格的経験の起源に持っているはずのものである。先の章で見た関係としての意識の、その関係を作る二元性である。第二巻では、そのように起源的に持っているはずの原初的事実を実際に意識するようになるまでの過程が述べられる。そこでは、受動性に対して能動性がとても弱い状態から次第に能動性が輪郭を表すまでの過程が、ビランの立てる自我の四つの体系に沿って語られる。このような論述の構成からもわかる通り、原初的事実が意識の起源にあることと、それを実際に意識するかどうかは別問題なのである。原初的事実は起源的にあるものでありながら、普段は受動的経験に覆われており、われわれもそれを意識していないことが多い。自我が能動性を増すにつれて、再発見されるものと考えられている。

ではそのような位置にある原初的な事実は、具体的に何にどうやって見出されるのか。『試論』第一巻第二部に「原初的事実として考えられる努力について」と称された部分がある。この記述によると、原初的事実は「欲された努力effort voulu の感情」によって知られる。

> この分析を規則正しく行うために、「我思う、我あり」というデカルトの原理を取り上げることにしよう。そして私自身の内を降りていくうちに、私の個的存在のすべてを構成すると考えられている原初的で実体的な考えは何であるかをよりはっきりと性格付けてみることにする。私はそれが、その源においては、行動の感情ないし欲された努力の感情であると同定する。この努力がしたがって私にと

って原初的事実であり、私の探している基礎的様態であり、その性格や記号を分析しようとしているものである。(3)

努力に冠された「欲されたvoulu」という形容詞は、「欲するvouloir」という動詞の過去分詞形である。vouloirの現れが、名詞「意志volonté」である。つまりここで問題となっているのは、意志の顕現としての努力を欲する自我がもたらす感情である。ではなぜわざわざ努力に「欲された」という形容詞を付ける必要があるのか。それは、のちに見る非意図的な努力effort non-intentionnéと区別するためである。ビランにおいて、努力の行使には二つの様態がある。(4) 一つは欲された努力であり、もう一つは無意識的になされている非意図的努力である。同じ努力が、ときに意志の発動として欲されたり、ときに意志を伴わずに行使されたりする。したがってビランにおける「努力」の概念は、普通「努力」という言葉でわれわれが捉えている欲された力にとどまらず、生きている限り働いている力をも含む。後者についてはのちに見ることにして、ここでは意志の発動として行われる欲された努力についての言及を追うことにしよう。

そのような欲された努力を直接的に感じ取ることのうちに意識の原初的事実があるとビランは考えた。それが、〈私〉という個的存在、人格的存在の基礎である。ビランは続ける。

欲されて、直接的に覚知された努力は、はっきりと個体性、自我、ないし内奥官の原初的事実を構成する。今からこの内奥官を、よりはっきりした方法で、努力の感官という名の下に性格付けることにしよう。そこにおいては、自由な努力の主体と、その固有の不活力によって直接的にこの努力に抵抗する項とのあいだに立てられる識別という唯一の事実によってのみ、原因ないし生産的力が自我になる。[5]

まず、この引用で「内奥官sens intime」とは努力の感官であることが告げられている。内奥官とは何か。フランス語の形容詞intime（内奥の）はラテン語のintimusに由来する言葉で、例えばアウグスティヌスが『告白』で、神は自分の最も内側よりもさらにintimeなところにいた、と述べる箇所からも窺えるように、[6] interior（内側）の最上級である。つまり自分自身でも気付くのに困難なほど自分自身にとって親密で、自分の内側にあり、自分と分かち難いものを感じ取る器官が内奥官であり、そこで感じられるのが努力であるとビランは言うわけである。

また、この引用の中でビランは努力と抵抗の識別によってのみ、「原因ないし生産的力が自我になる」と述べている。「自我になる」とは、意志の発動として努力する自我が、抵抗に出会うことで初めて、自分自身が存在していることを知ることができる、意識的な自我が現れるという意味である。単に存在しているだけの状態から、その存在について知ることを意味する。

引用は、「欲されて、直接的に覚知された努力」について述べている。ビラニスムの重要概念「覚知aperception」(7)とは、このように原初的事実として、努力としての自我が抵抗との二元的関係において存在していることを知ること、自分が他ならぬこの自分として存在することを知ることである。Aperceptionという言葉は、当然カントの統覚Apperzeptionを思い出させるのに十分だが、当時カント哲学についてよく理解しているとは思えなかったビラン哲学のこの用語に、カント的意味を重ねて見るべきではないだろう。そもそもこの「覚知」という言葉、ならびに先の引用にもあった「覚知されたaperçu」とは、それぞれ動詞apercevoirの名詞および過去分詞である。ビラン哲学において「覚知」と訳されるこの言葉については、そこからカントの統覚Apperzeptionを連想するよりもむしろ、それがフランス語の動詞としては「気付く」という意味を持っていることが考慮されるべきであろう。ここまで見てきた二元性の把握という点からも、またその言葉遣いからもわかるように、ビランにとって自分が自分を知る覚知は、新たな知の獲得というよりも、もとからあった状態に気付くことであると考えなければならない。もとからあった事実、すなわちもともと自我が努力としてあったということに、原初的事実において抵抗と出会うことで改めて気付くことが、覚知なのである。

この覚知の構図において、画期的であるのは、欲された努力と抵抗という二つの項は、個別にそれぞれ存在するものではないという点である。欲される努力は抵抗に向かう限りで欲された努力であるのだし、抵抗はそのような努力を妨げる限りで抵抗である。互いに働き合いながら、そのように働き合うことによってのみ意識に明瞭に現れると同時に識別される二つの項目である。したがって、欲された努力の感情は、意志の発動として努力する自我とそれに対する抵抗との相関的な関係を含むものであり、本質的に二元的である。ビラン哲学において、意識は本質的に二元的である。

加えて、欲された努力に対する抵抗とは、もちろん〈私〉の身体に由来する抵抗であることを踏まえれば、〈私〉の意識には〈私〉の身体が関わっているというビラン哲学の独自性が浮かび上がる。

一つ、内奥官の原初的事実は、有機的抵抗から分離不可能な欲された努力の事実に他ならないのだから、一般的には、ある関係によって、あるいは真の二元性によって構成されるものである（……）[8]。

抵抗にかかる形容詞の「有機的organique」とは、第1章で見たように、超有機的な意志に対する身体の生理的機能のことである。努力は〈私〉の内側よりも内側の内奥で感じられるものであるから、欲された努力およびそれに対する有機的抵抗は、〈私〉という存在と切り離せないところで感じられる二元性である。〈私〉という人格的存在は、意志的運動において、〈私〉の意志と〈私〉の身体が互いにぶつかり合うことによって知られる。〈私〉の意志の発動として、〈私〉が〈私〉自身の身体を動かそうとするとき、欲された努力における意志と有機的抵抗の相関的関係が浮かび上がる。われわれが探していた、運動のための運動をするときの特殊な感情は、ここに哲学的基礎を見出すことができるだろう。実用的な目的は持たず、自分自身の運動に集中して、それを行うとき、他のどの場所でもないその運動を担う身体器官との出会いにおいて、自分自身が存在していることがはっきりと感じられる。この感情は、中井正一がスポーツ美学を考えていた際に「行為的美感」として指摘していたように[9]、ある種の快楽さえ伴うものであるかもしれない。

ところでそれは、ビラン的立場からすれば、外的世界から独立した知であることも押さえておく必要があるだろう[10]。覚知を外界から独立したものとして考えることは、つねに運動を外的事物との関係において考えていたトラシへのビランなりの反論でもあるし、自己意識を形成する相対的関係が外的世界に依拠せず存在していることの表れでもある。一つ前の引用にも「原因ないし生産的力が自我になる」とあった。意志的運動において、意志が固有身体に働きかける結果として筋肉感覚が生じる。その中で、その感覚を生じさせる原因として自我は自らを知るということである。この関係は、もっぱら〈私〉の意志と〈私〉の身体とのあいだに限定されているので、外的世界の影響を受けることはない、とビランは考えた。

さて、原初的事実は、感覚に対する意志的運動の優位性に関わる。この優位性はどのように正当化されるのだろうか。運動が感覚よりも基礎的であるという精緻な観察は、ビラニスム理解にとって非常に重要である。これをよく理解するために、『心理学基礎試論』第一巻第三章の「われわれが自分自身の身体を持っているという知識の起源」を読んでいこう。

ここでビランはまず、二種類の「外部」を識別している。一つは直接的内的覚知に相関的なものであり、もう一つは直観や外的な知覚に関するものである。この識別は、固有身体に由来する有機的抵抗と外的事物に由来する絶対的抵抗との違いでもある。前者は自らの意志である程度克服できるが、後者は絶対に克服できない。

この二種類の外部は、それぞれ何に対する外部かを考えると、固有身体の二つの様態が浮かび上がるだろう。すなわち、固有身体は、ときに〈私〉の意志に対する有機的抵抗として現れたり、ときに〈私〉の意志に従い、その仲介者となって外的事物と対峙したりする。身体の有機的抵抗が克服可能であるとは、それが意志によって動かせるということである。克服されるまであるいは克服される過程において身体は有機的抵抗として現れ、それを駆使して外的事物と関わるときには身体は媒介として現れる。

この身体の二面性を踏まえた上で、ビランは、われわれがわれわれに固有の身体を持っているという感情は、内的に感じられる固有身体によって可能になっていると考える。

この努力の主体は単一ないし個的であるが、抵抗する直接的な項は本質的に多数であり、あるいは隣接して並べられた諸部分から成るのだから、そこから自我が識別されるところの抵抗の一般的感情は、すでに必然的に限界も輪郭もない曖昧なある種の延長の感情を含んでいるのではないか。あるいは、直接的覚知に固有の対象に内在する形式のように、あるいはこの覚知の条件そのもののように、純粋に内的な空間様態の感情を含んでいるのではないか[11]。

〈私〉の意志に対して、有機的抵抗は延長として現れる。もちろんここで言われている延長とは、思惟的・時間的なものに対する身体的・空間的なもののことである。意志と抵抗との持続的な出会いにおいて意志は時間的統一を保証し、有機的抵抗は空間性をそこに加える。〈私〉が時間的空間的に存在していることは、意志と有機的抵抗という二つの要素が相互依存的な二項関係を気付くことで、可能になる。意志と抵抗の相互規定的な働きが続く限り、〈私〉の意志は本質的に一であるため、様々な身体部分に働きかけることで、〈私〉が時間的に持続していることを知らしめる。対する有機的抵抗は、意志が働きかける場所を変えても対抗し続けることで、空間的延長として現れる。ここでビランは、外的事物に触れる以前に、また触覚という感覚を語る以前に、意志的運動の中に「ある種の延長」を見出そうとしている。この考え方は、ライプニッツの抵抗する連続体の概念の応用である。

ライプニッツは延長を見事に定義した。抵抗する連続体（continuatio resistentis）である。この定義は、著者の心のうちでは、触覚やそれに伴う視覚などの感官において明らかなように外的延長の現象に適応されるものとして考えられているが、それに加えて内的および直接的な覚知の対象も含むものである。この定義は、固有身体についての初めの知識を考えるための新たな視点を完璧に表している[12]。

ライプニッツが外的延長に適応した抵抗する連続体という定義を、ビランは身体の内側で感じられる抵抗に応用しようとしている。内的に感じられる有機的抵抗は、その多数性によって「隣接して並べられ」ている。したがって、それに対して一つの継続的努力が働きかける場合、有機的抵抗は必然的に「抵抗する連続体」を形成するというわけである。ビランに言わせれば、外的な事物に由来する感覚を知る以前に、われわれはすでに空間の形式を意志的運動の中で獲得しているのである。

例えば、空中で指を自由に動かしてみるとしよう。空中なので、外的事物にぶつかることはないが、それでも指が動いていること、すなわち空間において占める位置を変じていることが内的に感じられる。この変化が確かであることは、固有身体の空間性による。すなわち〈私〉の筋肉も神経も、空間的に構成されているからである。指を動かそうとすれば、それに関連する筋肉や神経は必然的に動かされる。そのおかげで空間がわかる。言い換えると、〈私〉の身体は、〈私〉の意志を行使して動かそうとするときに、まず〈私〉にとって内的に感じられる空間として与えられるものであるという側面がある。

この内的な身体空間をもとにして、その一部に外的事物についての印象が結び付けられて生じるのが、ビランの考える感覚sensationである。そのためにはまず身体が分節化されなければならない。最初は曖昧で漠然としたものであった身体空間は、そこに働きかける努力が強度を増すにつれ、次第に分節化され、部分として現れるようになる。

分節点が増え、努力の主体が単一で同じものであるにつれて、その〔努力が適応される〕項は、様態や性質において変化を見せる。直接的内的覚知がはっきりし、確かめられる。構成的な二項目は互いに発展し、動かす複数の項との対立そのものによって、個性あるいは主体の統一性はより明らかになる。[13]

努力と抵抗は相関的であるのだから、努力の主体の個性が明らかになることと、有機的抵抗が分節化され、部分として際立つことは、比例関係にある。先ほどの例で言えば、空中で指を動かそうとする努力に意識的になればなるほど、指の細かい動きを識別できるようになる。ある指の曲げ方と別の指の曲げ方は、微妙に異なるということに気付く。逆に見れば、指の動かし方の細かい差異に気を付ければ気を付けるほど、それを動かす〈私〉の努力についての意識も判明になってくる。このように身体空間の分節化が行われる。ビランによると、この分節化された身体空間が、外的世界の印象を、それに吸収されてしまうことなく受け取るために必要な土台を作る。

感覚を身体の異なる部分に関連付けることは、デカルト学派たちは生得的だと考えていたし、コンディヤック学派は外在性との関係と混同していたが、それは努力の感官のダイレクトで直接的な結果のみで成り立つのであり、内的経験にその理由ないし支点を持つのである(14)。

分節化された身体空間に外部からの印象を結び付けることで初めて、感覚が生じるとビランは考えた。それは自分の身体空間と外界を関連付けることである。逆に言えば、自分の身体との関連においてしか外的世界を知ることはできないことの表れでもある。

このように、ビランは、もっぱら身体の内的経験に、経験の基礎を見出そうとする。しかしそれは、仮説的との誹りをどのように逃れることができるだろうか。

ここで登場するのが、レイ・レジスRey Régis（Cazillac）の観察である。レジスはモンペリエ大学の医者で、『心理学基礎試論』の編注によれば、生前、ドルドーニュ県のブーグに住んでいた(15)。ドルドーニュはビランの故郷ベルジュラックの位置する県である。ビランがレイ・レジスと面識があったかどうかは定かではないが、当時あまり知られていなかったとされるレイ・レジスの本(16)を引用しながら、ビランは、自説の正しさ、それが単なる仮説でないことを、主張している。以下は、レジスの半身麻痺の患者に対する観察である。

私〔レジス〕は彼〔患者〕の〔麻痺している〕手を、シーツの下で取り、一本の指を強く押してみた。患者は悲鳴を上げた。指を一本ずつ順に押してみたところ、いずれもはっきりとした痛みのしるしを見せたが、その痛みはどの部分にも関連付けられていなかった。

それから、この男が完全に運動機能を失っていること、私の手を握ることさえできないことを確認した。

病人は次第に回復し、手を使い、意志的に指を一本ずつ動かせるまでになった。この実行のあと、彼が運動機能を取り戻したあとに初めて、彼は印象を、それが生じている部分に局所化できるようになった。[17]

患者の見えないところで、医師が患者の指を押したとき、患者が感じたのは、局所化されえない一般的な痛みであった。そのとき、彼は麻痺のせいで、痛みを感じる箇所を動かすことができなかった。しかし彼が運動機能を取り戻したとき、彼は痛みを局所化することができた。つまり、その器官を動かせるということが、痛みをその場所に結び付けて考えることに必要な条件であるというのが、レジス＝ビランの見立てである。

局所化できない状態の痛みをビランは「一般的情感affection générale」と呼ぶ。[18] 局所化できないとしても、それでもこれを感じることができるのは、ビランによれば、患者が生きているからである。[19] 情感は、生きている身体全体によって受け取られるものであり、快とか不快という患者の存在のあり方そのものである。

情感を局所化できるようになると、それは感覚sensationとなる。ビランは、情感を感覚sensationと区別する。ビランにとって感覚は、身体の一部分に関連付けることができるものであり、したがって受動的印象とそれを局所化する能動性との複合的な経験である。レジスの実験で言えば、局所化された痛みは、痛みという情感が、患者の運動機能にもとづいて分節化された身体に結び付くことで、触覚（痛覚）として現れるようになった。このレジスの実験は、情感と感覚のあいだに、運動機能があることを示唆している。このおかげでビラン哲学は実証的証拠を手に入れた。もちろん実験結果は、ビランのトラシ批判の要点に一致している。

以上で見てきたように、ビランにおける原初的事実である二元性には、二つの現れ方がある。ところで二元性の把握が、覚知であった。したがって二元性の二つの現れ方に伴って、覚知にも二つの覚知があることになる。まず一つは、意志的運動の中で感じられ、主体の人格性を基礎付けるものとしての二元性およびその気付きとしての覚知である。これは自分自身について知る瞬間であるから、到達点としての覚知と言うことができるだろう。それに対して、二つ目は、固有身体を基礎とした外的世界との関わり方を規定するものとしての二元性およびその把握である。ここで二元性は明らかに感じられないが、しかし〈私〉の意識的生活を基礎において支えている。このような二元性が意識の基礎にあるからこそ、世界における〈私〉の経験はすべて〈私〉の身体が、あるいは〈私〉の意志と身体との関係が、物差しとなって整理されてゆくことが可能となるのである。このような二元性を意識の底において感じていることを、起源としての覚知と呼ぶことができるだろう。

3-2 自我の四体系

意志的運動を行う欲された努力の感情の中に意識の原初的事実はある。しかしこの原初的事実は人格性の基礎を作るものであり、個人としての生活を支えるものではあるが、つねに明らかに感じられているわけではない。むしろビランは、それは普段は様々な印象に覆われていて気付かないと考える。事実、空中で指を動かす仕草にしても、自分自身の動きに集中しなければ、有機的な抵抗と意志の関係は意識されないだろう。われわれは日常生活において自分の身体の動きやその動かし方に気を使うことは少なく、むしろ指を動かして何をするか、あるいは何のために指を動かしているかなどと考え、注意を自分自身の外に向けていることが圧倒的に多い。このように、外的事物にかかずらうこと、また外的事物から受け取る印象は、努力と抵抗の関係を見えなくしてしまう。そこでビランは、自我が自らについて意識的になる段階を考えた。それが『心理学基礎試論』第二巻で展開される自我の四体系であり、それぞれ情感的体系、複合的な感性的体系、能動的知覚の体系、そして反省的体系と名付けられている。情感的から反省的へと移行するにつれ、自我は自分自身についての明瞭な意識を持つとされる。すなわち情感的体系においては、外的事物から受け取る印象が支配的であり、その経験は受動的と言えるのに対して、反省的体系においては自我の能動性がしっかりと把握されるようになる。

われわれは以下で、この四つの体系がどのように異なるのか、異なる体系の間を自我はそれぞれどのように移行するのか、自我が自分自身について知る反省は何によるのか、そしてその原初的事実との関係を見ていくことにしよう。

3-2-1 情感的体系

まずは、情感的体系から始めよう。情感affectionという言葉を、ビランは次のように定義している。

情感という一般的な名のもとに、快あるいは不快という単純で絶対的な全ての様態を私は理解する。それは、自我の参与を一切含まず、したがって異なる存在との既知の関係を一切含まない、純粋に感性的ないし動物的な生命を構成するものである。情感は受動的機能の階層まるごとであり、情感とともに、情感によってしか発達しないところの情感に、完全に属している。(20)

情感を理解するには、単純simpleおよび絶対的absoluという言葉が肝要であるように思われる。simpleという言葉には単純という意味もあるが、二重に対する一重という意味もある。また絶対的という言葉はそれに対するものとして相対的、関係的relatifという言葉を連想させる。これらの言葉遣いと、ビランがよく引用するブールハーウェの「生命力において一重であり、人間性において二重」という言葉、またビランのバルテズ理解、さらには先ほど確認した意識は二元性によって成り立つということを合わせて考えれば、まさに情感とは生命体の身体的条件によって規定される様態であり、意識に先立つ快不快の感情であると考えられる。情感は、生きている限り、その生命体において感じられるものである。したがって生命体と情感は、決して離れて存在することはない。情感は、それを感じる主体が生きていることの直接的な結果である。そこから逃れることも、その外で生きることもできないのである。

情感は外的存在との関係を持たない。すなわち、その原因は、何らかの外的存在に帰することができない。先に見た、起源としての覚知は、印象の局所化を可能にするものであり、言い換えると、外界との関係構築の基礎であった。したがって情感においては、その起源的覚知すらないことになる。情感は受動的にしか知られない。そこに自我の能動性は一切ない、二元性は存在しない、まさに単純な一重の生である。

もし仮に、全く意識を持たない生命体を想定するなら、それは、ビランに従えば、情感的状態を生きているだけの生命であろう。先の引用にもあったようにそのような生命体は「動物的」であるとビランは考えている。第1章で見たように、それはビシャの述べるような「有機的」に対して上位にある「動物的」ではなく、むしろ「意志的」に対して下位にある「動物的」である。そこには、意志による能動性はない。

とはいえ人間は、動物的と意志的という二重の生命を生きているのであるから、人間における情感を語るためには、意識的生命と情感がどのように折り合いを付けるのかを論じなければならない。人間においては、意識を持つ可能性がある以上、能動性の一切ない状態は永遠に続かない。考えられたとしても一時的なものでしかない。そこでビランは、情感においても自我は、隠された状態で存在している、と考えた。ビランは、人間における受動的機能と能動的機能の関係を次のように説明している。

> たとえ存在の情感的ないし受動的諸機能の体系が、知的で道徳的な存在の能動的諸機能のそれと本質的に異なっているにせよ、（……）これら二つの体系は人間において密接に結合しており、関係の生命が拡張し、発展するにつれて、それぞれが連続的影響を与え合い、つねにもっと親密な仕方で結合するのである[21]。

情感的体系において、その存在さえ危ぶまれていた能動性は、しかし人間が二重の生を送っている以上、受動性の影に覆われながらも存在していると考えられる。意識的生命（関係の生命）が発達するにつれて能動性は大きくなり、あるいは能動性が弱まるにつれて受動的経験が支配的になる[22]。そこでビランは、問題を、能動性はどうやって発展するか、に絞る。この発展という発想には、拭いきれないコンディヤックの影響を見て取ることもできるだろう。

さてビランは、生命の始まりにおいて受け取られる印象は、すべて一般的情感であり[23]、その一般的情感とは、器官を特定することなく感性的体系全体の変様である[24]、すなわち身体全体で受け止める塊である、と考える。そして、この一般的情感が弱まるにつれて、器官的印象が生じるとした。この器官的印象が、自我発展への鍵である。

ビランは、中でも視覚と聴覚を重要視する。なぜならそれらにおいては、同じ印象が繰り返されるにつれて、残像や残響が生じるからである。もちろん、味覚における後味のように他の感官にも生じる現象ではあるが、視覚と聴覚の例はモデルとしてより考えやすい。このような現象は、もとの印象が消え去ったあとも、器官によって自発的に生産される視像や音の痕跡 trace であると考えられる[25]。これを手掛かりに、ビランは情感と直観 intuition の区別を立てようとする。

（……）一般的印象がその情感的ないし刺激的性格を、習慣の影響のもとに失ってゆくにつれて、情感と直観について立てておいた区別がどれほど現実的であるかが理解されるだろう。なぜなら前者に限られたあらゆる感覚は、習慣の効用によって完全に消え去るのに対して（……）直観的部分を含むあらゆる感覚は、情感が現象するにつれてますます照らし出され、識別されるからである[26]。

習慣のふるいにかけられて、すなわち同じ印象が反復されるにつれて、情感は、それまでそれを被る者にとって絶対的であったまぶしさを失う。それと平行して、直観は中立的な姿で浮かび上がる。残像や残響の特徴は、存在を圧倒させる新鮮さがないことである。これが、直観と呼ばれる。直観は、習慣によってあぶり出されたものであり、これと自我の能動性が結合することで、感覚が生じる。

付け加えておかなければならないのは、直観における自我の能動性とは非常に弱いものであることであることである。この弱い能動性を支える努力はいかなるものであるか。ビランにとって、意識的自我はつねに能動的であり、努力としてある。しかしその努力は、もとを正せば同じ努力であるが、そのもたらす結果によって二種類に分類されると考えられている。すなわち欲された努力 effort voulu と非意図的努力 effort non intentionné である。欲された努力の感情において原初的事実が把握されることはすでに見た。他方、非意図的努力とは、ビランの記述によれば、あらゆる随意筋に広がるものであり、今現在は外的な印象を受け取っていなくても、来るべき印象の到来に向けて身体器官を覚醒状態にしておくもの、いつでも感覚可能、知覚可能な状態に保っている努力である[27]。したがってこの努力は、積極的な努力ではないが、われわれの通常の言語使用で考えられる「努力」の意味を超え出て、生きている限り働いているものである。このような努力が、能動性の曖昧な経験にあっても、人格的自我の同一性を保証している。

3-2-2 感覚的体系

直観と自我の結合が、感覚sensationと呼ばれる。第二の感覚的体系について、ビランはこう定義する。

（……）私は、自我が、自らに固有の能動を使うことなく（……）、感性的印象と結合するところの複合的な最初の様態を、感覚と呼ぼう。(28)

ここで言われている「感性的印象」とは、直観のことである。これと自我が結合するので、感覚は「複合的」と呼ばれる。「複合的」とは言い換えれば二重性にもとづくことであり、したがって感覚以降の体系において生じる現象はすべてビランにとって「複合的」で二重である。しかし感覚においては、自我は「自らに固有の能動を使う」ことがない。積極的に能動的ではない自我とはどのような自我か。ビランは別の箇所で、それは「外的感官に生じる、ないし外的感官に表象されるものの受動的証人(29)」であると述べている。すなわち感覚において自我は、直観とともに、ただ居合わせている状態である。感性的印象を積極的に受け取ろうという意志はなく、ましてやその意味を汲み取ろうとも思っていない。まぶしさを失った受動的印象と、たまたまそこに居合わせた証人としての自我が結合している状態、それが感覚である。この状態の自我は、あまり能動的ではないが、それでも直観に吸収同一化されるものではない。証人は、彼が見ている対象から一定の距離を持ってそれを見るものである。それゆえ直観と居合わせる自我は、いわば直観から剥がれ落ちるものであり、直観とは別のものとして区別されるものでなければならない。

そのようにして識別される自我と直観が、ビランの言い方によれば結合すること、すなわち別々のものでありながら協働することによって出来上がったものが感覚である。それゆえ感覚は、「複合的体系」と呼ばれている。

ここで言われる感覚とは、われわれが通常感覚という言葉で意味しているよりもはるかに狭い内容である。「見える」「聞こえる」といった日本語の知覚動詞が、このビランの言う感覚の体験に近いだろう。「山を見る」、「鳥の声を聞く」と言うときには、そこに見る主体、聞く主体の能動性が込められている。それに対して「山が見える」、「鳥の声が聞こえる」というときは、それらはある状況の結果として、たまたま見え、聞こえているだけであり、それが見えている人、聞こえている人は意識的にそれらを見よう、聞こうとしているのではない。さらに言えば、「山を見る」場合、見る主体と見られる対象がはっきりと分かれているのに対し、「山が見える」場合には、見ている私はかなり没主体的である。私のいる場所から山がたまたま視界に入ってくるだけで、私が見ているというよりも、状況的に見えてくる、という方がニュアンス的に正しい。そもそも知覚動詞がガ格で取りうる主語は、聞こえている人、見えている人ではなくて、聞こえるようになるもの、見えるようになるものである。山がおのずから見えるようになる。鳥の声がおのずから聞こえるようになる。ここでは〈私〉の能動性はきわめて弱い。けれどもその「山が見える」という状況を分析すれば、それが見えるようになる、いわば場所としての〈私〉と見えてくる山を識別することはできる。ビランにおける感覚とはこのような経験である。

3-2-3 知覚的体系

第三の体系である知覚perceptionと第二の体系である感覚を分けるのは、注意attentionである。そもそも『心理学基礎試論』知覚的体系に捧げられたセクションの副題が、「能動的知覚的体系、あるいは注意の体系」[30]である。そのセクションの始まりにも、次のように書かれている。

> われわれがここで考察するところの注意とは、その分析を試みるところの心理学的事実の新たな体系の基礎である。注意によってのみ、この〔体系における〕現象は、前の体系〔感覚体系〕におけるそれと異なる。[31]

感覚的経験に注意が加われば、知覚となる。例えば日常言語ですでに識別されているように、われわれは、匂うことと嗅ぐこと、見えることと見ること、聞こえることと聴くことを分けるし、また味わう、触感を確かめる、と言っては、それぞれの感覚が研ぎすまされることを指す。この感覚が研ぎすまされることが、感覚体験に注意が加わることに他ならない。すなわち、ここまで、表立って現れることのなかった、すなわち非意図的であった努力が、意図的な、欲された努力へと変じることである。

例えば有能な探偵は、きわめて知覚的な人であると言うことができる。彼は、他の人が見ない細部までを見、音を聞き分け、匂いを嗅ぎ分ける。感覚的印象の意味を読み取る。非常に注意力の高い人である。

知覚は能動的な経験である。非意図的な努力は知覚において、意図された、欲された努力になる。ではここで自我の能動性は完全に出現したと言えるのだろうか。そして自我は自分自身について知るようになると言えるのだろうか。そうではない。知覚的体系にはまだ不十分さが残っている。そのことを、一見原初的事実の発見に十分であるように思われる能動的触覚の例を見ながら明らかにしよう。

能動的な触覚は、ある一点において、他の知覚と異なる。それは、外的対象の存在を知らせるという点である。触覚においては、触った対象がざらざらしているとかつるつるしているとかの触覚の感覚内容の他に、動いている私の、例えば手と、それに対する抵抗とが衝突する感情、もっと言えば、欲された努力の感情がある。われわれはすでに、ビランにおける原初的二元性の発見とは意志的運動において遂行されること、外的事物との接触では十分でないことを知っているが、そのことはひとまずかっこに入れて、なぜ、他の感覚に比べて、力と抵抗について教えてくれるであろう能動的触覚が自分自身を知るのに不十分であるのかを改めて問うてみよう。

複雑にしているのは、能動的触覚には、力と抵抗についての感情が含まれているからである。それゆえビランは、皮膚で感じる感覚から独立して能動的触覚のもたらす欲された努力の感情のみを分析するために、非常に尖った爪を想定することにした。ここではざらざらとかつるつるした感覚はもうない。力とそれに対する抵抗が感じられるだけである。

意志によって導かれるこの器官は、ある固い平面と出会ったとき、それに唯一の点によってのみ触れることができる。ここに、私ではない抵抗する統一がある。なぜならその抵抗は努力に対置されていながら、その構成的力を表象し、努力のように単純だからである。(32)

尖った爪には、触覚的な感覚内容を受け取る機能がない。それは、幾何学的な点に近い。しかしそれが意志によって導かれている限り、外的物体にぶつかると、触覚的感覚内容とは別の、ある抵抗を感じる。それによって、外的存在を知ることができる。そしてまた、外的存在を知るということは、それが「私ではない」抵抗であると感じられる限りで、〈私〉と〈私〉以外のものの境界線を引き、したがって同時に〈私〉自身の存在を知ることでもある。

人はしばしば、現実と幻を、触れることができるかどうか、によって区別する。見えていても触れることができない蜃気楼や幽霊は幻であり、見えて触れることができるものが現実に存在していることを疑うことは、ほとんどない。それはおそらく、触れることは、触れている対象の存在を〈私〉に知らせると同時に、それに触れている〈私〉の存在についての確証も与えるから、つまり対象を触っている〈私〉が確かにあるということに由来するからではないだろうか。それだけ触覚は、重要な役を担っているのである。

しかし、ビランによれば、そのような尖った爪は、「仮説の上に、実在するものの科学を立てているだけ[33]」との誹りを受けるかもしれない。爪は確かに自分以外の存在について知らせてくれるが、それは点とか線とかの抽象的な形だけである。実際の触覚には触れるものの面積があり、そこにおいてはどこまでが触ろうとする主体の能動性に由来するもので、どこからが対象の性質に由来するものか、はっきりと線引きすることはできない。それゆえ、ビランは知覚では不十分であり、反省の体系を考える必要があると考える。

このビランの言い分は、本質的ではないだろう。能動的触覚と反省の違いは、抽象的と具体的であるというよりも、もっと決定的な点がある。のちに反省の体系で詳しく見るが、反省が特殊であるのは、出会う対象そのものまでも主体が作り出したものであるからである。触覚において能動性と受動性を区別できないという指摘も、対象を主体が作ることができないからである。それは爪の場合でも同じである。爪が出会う対象そのものまで作り出すことはできない。いかに触覚といえども、触れている対象を作り出すことはできない。触覚における抵抗は、外的事物に由来するものである。これを決定する権利はわれわれにはない。それゆえ、非常に能動的であると思われる触覚にも、能動性の領域を画定するという目的に鑑みれば、まだ曖昧さが残るのである。例えばとても重い岩を押す場合、いくら押しても岩は動かない。そのとき〈私〉の努力の感情においては、自我と抵抗との境目が曖昧になり、輪郭が見えなくなるだろう。区別ができないということは、まだ〈私〉の能動性の画定に至っていないということである。〈私〉が〈私〉を知るためには努力の原因および結果が、感じられなければならない。

したがって肝要なのは、原因も結果も自分で作り出すことである。のちに見る因果律をめぐるヒュームとエンゲルに対する批判からも明らかなように[34]、ビランは、原因が自分で、結果も自分である行為において、その因果律の完全な把握、またそれによる自分自身についての完全な把握が可能であると考えた。ではそれは具体的に、どのようにして達せられるのか。ビランが知覚の上位に位置付ける自我発展の最後の段階、反省 réflexion はどのような体系であるのか。

3-2-4　反省的体系

意識的経験は、すべて二重性のもとにある。それは感性的受動的経験とそれに対する能動的自我から成る二重性であった。そこからビランは、意識的経験にはすべて「可変的な部分とそうではない部分[35]」があることを指摘する。可変的な部分とは外部から受け取る感性的印象のことであり、その可変性は外的事物の多様性に由来する。他方の可変的ではない部分とは、もちろん自我のことである。外的事物が変わっても、そこから印象を受け取る自分自身は変わらない。少なくとも、主観的には、昨日の〈私〉と今日の〈私〉は同じ一つの〈私〉である。意識的経験に共通するこの可変-不変の関係を抽出することが、反省 réflexion である、とビランは言う。

> 精神がそれによって、一群の感覚の中で、あるいは何らかの現象の結合の中で、あらゆる要素と、一つの基礎的統一との共通の関係を覚知する働きを、私は反省と呼ぶ。例えば複数の様態ないし性質と抵抗する統一体との関係、複数の多様な結果と同一の原因との関係、可変的諸変容と同一の自我、内属的主体との関係、そして何より、反復される運動と、同一の生産的力ないし同一の意志、自我との関係である(36)。

反省とは、複数の可変的要素と同一の不変的なものとのあいだにある関係を、様々な感覚や現象の中から抽出する働きを指す。引用には多様な、可変的要素と同一要素の関係が挙げられているが、中でも「反復される運動と、同一の生産的力ないし同一の意志、自我との関係」とは、意志的運動を構成する意志と身体運動のことと解して間違いないだろう。確かに意志的運動においてもまさに身体運動という可変的なものとそれを動かす意志としての不変的なものとの関係が抽出される。では当然のこととして、意志的運動と反省の違いは何なのか、また覚知と反省の違いは何なのかという疑問が浮かぶ。しかし詳しい検討はあとの章に譲るとして、ここではビランの述べる反省としての意志的運動の意味をもう少し追うことにしよう。

反省はその起源を、この努力の内的覚知、ないし意志が決定する運動のうちに持っている。反省は、第一の欲された努力とともに始まる、すなわち、意識の原初的事実とともに始まるのである。しかしこの努力についての意識は、受動的情感の中で覆われている。期限から努力についての意識は情感と結び付いているのである(37)。

この引用によれば、ビランは意志的運動を、反省の起源と位置付けているようである。確かに意志的運動は意識の起源でもあるから、人間性において二重の生活を送っている限りすでに持っているはずのものである。しかしそれは普段は受動的印象に覆われていて、はっきりと知られることがない。それをはっきりと知ること、気付くこと、覚知することが、反省であるとビランは考える。それならばますます覚知と反省は同じものなのだろうかという疑問が膨らむ。いずれにせよ、原初的事実を知るためには、それを覆っている受動的経験を減少させる必要がある。

自我の意志に対する抵抗を感じられる触覚では、どれほど能動的であっても、まだ自我を十分に把握することができない。反省は作用しない。その理由は、先回りして見たことによれば、自我は抵抗そのものを作り出すことができないからであった。さらにビランは、反省体系の説明において、より深い理由を付け加える。それは、能動的触覚においては感性的な機能と動的な機能が「同じ器官にくっついて存在している[38]」からである。能動的な要素と受動的な要素が混在しているので、そこにおいて能動的要素を取り出すことがしにくい、というのが、ビランが知覚では自己自身を知るのにまだ不十分であると考える本当の理由である。

そこでビランは、反省のモデルとして、自分の声を聴くことを挙げる。確かにこの場合、感性的要素を受け取る器官は耳であり、動的要素を発する器官は声帯であるので、器官は別々である。耳で受け取る感性的要素を、声帯を使って発する能動的要素と混同することはまずありえない。

ビランは、自分の声を自分で聴く場合には、「反省の実行を等しく促す二つの状況[39]」が発生すると考えた。一つはまず、発話器官と聴覚器官が自然的に別の空間を占めているという分離である。そしてもう一つは、それら器官が分離していながらも同じ人間に属している限りで、器官同士の交流が完全に内的であるという、内的交流である。

外に向けた耳で受け取る音の印象にはそれぞれ、声の器官において対応するキイを動かす瞬間的で動的な決定が対応している。外部の音は模倣され、二重化される。外の耳が直接的な感覚に打たれるあいだ、内側の耳は、生きたエコーのように、反射された印象によって打たれる。(……)音を発し、はっきりと発話し、その自由な反復において自らを聴く機能を有する存在は、自分自身のうちで受動的な感官を印象付けるために彼が使うことのできる器官や手段を用いることができる。彼の動的意志が内側からその質料と同時に形相をも引き出した一連の知覚を、自らに与えることができる。自らを爪弾く生きたハープである。他の感官は、エアリアンハープのようなもので、すなわち風がやって来ては、その感性的な弦が震え、振動するのを待っているのである。(40)

われわれは外部の音を聴くとき、それを内側で二重化している、とビランは指摘する。誰かの発する声を理解できるということは、それを聴くと同時に私はそれをなぞっているということである。習得中の外国語や、あるいは全く知らない言語を理解できなかったり理解しにくかったりするのは、それをうまくなぞることができないからである。知識として頭に入っていない言葉を聴き取ることは、不可能ではないが、知っている言葉を聴き取るよりはるかに難しい。なぞり方がよく身に染み込んでいないからである。あるいは楽器を弾ける人は、楽器を弾けない人よりも、音楽の聞こえ方が深く豊かである。ましてや聞こえてくる音が、自分が演奏した経験のある作品ならなおさらである。この場合、彼らは聞こえてくる音をより充実した形で二重化しているのである。逆に、何かに集中していて、誰かが話しかけていたり、音が鳴っていたりするのに気付かないこともあるだろう。気付かないというのは、聞こえてくる音を内部でなぞっていないからである。ビランの言い方で言えば、エコーが響かなかったからである。

以上のことは、外部の音を聴く場合であるが、ではその聞こえてくる音が、自分の発した声である場合はどうなるのか。それが引用の後半部である。外から聞こえた音は、主体の内部でなぞられ、二重化される。それに加えて自分の声を聴く場合は、主体は声を発している。自分の声を自分で聴く場合、その知覚の質料も形相も自分で作り出していると言える。つまり、これまでの知覚の経験と違って、感性的印象の原因も自分で作り出しているわけである。

（……）聴覚と声の同時的実行において、運動とその産物である音は、まさに同じ源から発しているのであり、同じ主体に向けられている。その主体は声も運動も、彼が原因である二重の結果として受け取るのである。[41]

同じ主体から発せられて同じ主体へと向けられること、すなわち反省を促す状況の一つとして挙げられた内的交流があることで、声を発し、聞く主体は、「彼が原因である二重の結果として」声と運動を受け取る。自分の声を自分で聴く場合には、外へ向かって発話する能動性と、内で聞こえてくる音をなぞって発話する能動性の、二つの能動性がある。さらに、この二つの能動性は、二つの別々の行為の結果ではなく、「二重の結果」である、つまり、二つの能動性が重なっている。外部へと発する能動性と内部でなぞる能動性は、それらはいずれも同じ声を中心にして構成されるのであるから、当然重なり、一致する。一致すると、どうなるか。

音を発し、自らを聴く個体は、彼の能動性について二重の知覚を持つ。彼の意志が決定する行為の自由な反復において、彼はそれらを実行する能力についての意識を持つ。彼は結果のうちに原因を、原因のうちに結果を覚知する。彼はこの基礎的関係の二項についての判明な感情を得る、一言で言えば、彼は反省する。彼は、発話することあるいは意志的な音をはっきり発音することによってのみ反省するのである。(42)

二つの能動性の一致が、自分が自分の聴いている音の原因であることの確証を与えると同時に、自分が発した音の結果を知らしめる。すなわちしかじかの原因に対してしかじかの結果、あるいはその逆という、原因と結果の関係の完全な把握を可能にする。これが反省である。先ほど見た、関係の抽出としての反省とは、ここに至って、因果関係の抽出として定義することができるだろう。原因と結果の関係を把握することで、そこにおける原因である〈私〉の存在、その〈私〉の持ちうる効力を知る。自我が自らの能動性の領域を把握すること、その結果自分自身を直接的に知ることができるのである。しかし、その場合、意志的運動あるいは覚知の位置は、またそれらと反省の関係はどうなるのか。

第4章　因果律

因果律causalitéとは、ある原因がある結果を生じさせるその関係のことである。この章では、ビランにおける覚知と反省の関係を探る前に、少し寄り道をして、ビラニスム哲学の核心部分に登場したこの概念についてのビランの解釈をよりよく理解することに努めよう。

周知の通り、ヒュームDavid Hume（1711-1776）は因果律の存在を否定した。それに対して、ドイツの哲学者エンゲルJohann Jakob Engel（1741-1802）は批判を述べた。この論争に関して、ビランは五つの覚書を残している。もちろんビランにとってヒュームの立場は受け入れられない。ビランは、部分的にエンゲルに賛同しているが、エンゲルのヒューム批判ではヒュームの懐疑論を完全に克服することはできないと考える。その上で、ヒュームに対してどのように批判をすればよかったか、自説を述べる。この一連の論争を追うことで、ビランの因果律概念の理解を深めることができるだろう。

ビランの残した覚書とは、「能力、エネルギー、必然的関係の観念についての、およびこの観念が努力の内的感情、ないし身体運動における意志の有効な能力の内的感情の中で持ちうる起源についてのヒュームの懐疑論についての試論」、「因果律について」、「因果律概念の本性および起源についてのヒュームの意見」、「エンゲル氏による力の観念の起源についての関する覚書」、そして「エンゲル氏の意志についての意見について」である。これら五つのテキストが書かれた年代を正確に特定することはできない。しかし、一連のテキストが収められているアズヴィ編集のビラン全集XI-2巻の紹介によると、このうち「因果律概念の本性……」と「エンゲル氏による力の観念……」は、ビランの生前に公刊された数少ないテキストであり、その刊行年は一八一七年である。その執筆は遡って、一八一四年から一八一五年頃と考えられている(1)。五つのテキストは関連しており、内容も一貫していることから、おそらくこの年代に前後して書かれたものと考えて差し支えないだろう。この章では、これらのテキストを分析しながら、ヒュームの因果律否定に対して、因果律を要とするビラン哲学は、どのように反応したのかを読み、そこからビランの因果律理解をあぶり出す。以下、順にヒュームの因果律放棄(4-1)、エンゲルによるヒューム批判(4-2)、ヒュームのエンゲルへの反論(4-3)、ビランの反応(4-4)を見ていこう。

4-1 ヒュームにおける因果律の放棄

事の発端は、ヒュームが因果律概念の存在を認めなかったことにある。経験論者であるヒュームは、人間の意識に生じるあらゆる現象を、経験から説明しようとした。彼にとって、人間を形成するものは経験である。それゆえ概念を調べるには、概念のもととなった経験を調べればよいと考えた。形而上学的概念がしばしば明瞭さを欠くものであったとしても、そのもとの経験を調べ、概念を画定することができる。そのことによってのみ、形而上学は前進できる、と考えるのがヒュームの立場である。この古典的議論はもはやよく知られたことではあるが、ビラン解釈のために、『人間本性論』[2]および『人間知性研究』[3]を手掛かりに、ヒュームが因果律を放棄するに至った経緯を改めて確認しよう。

ヒュームにおいて知覚perceptionという言葉は、人間意識に生じるすべてのものを指す。したがってビランの用語法とは違って、人間の意志や能動性が必ずしも含まれているわけではない。ヒュームはこの知覚を、鮮明さの程度によって二種類に分ける。すなわち印象impressionsと観念ideasである。印象は鮮明であり、心を打つものである。観念は印象のコピーであり、鮮明さを失ったものである[4]。印象が鮮明であるのは、それが意識に直接的に与えられるものだからである。それによって、その印象が存在することの確証が得られる。それに対して観念は、過去に経験したもののコピーである。例えばあるメロディーを思い出すとき、それは過去に聴いた同じメロディーのコピーである。しかしそれは、それを現に聴いていたそのときと比べて、色あせていることは否めない。

一見抽象的に思われる形而上学的議論も、煎じ詰めれば観念の組み合わせである。それゆえ観念を調べるには、もとの印象を調べればよい。一つの単純な観念には一つの単純な印象が対応しているはずであるのだから。見かけ上は対応する経験を伴っていないように思われる抽象的観念でも、分解すれば必ず単純な観念から構成されている。「ある哲学用語が、(非常にしばしば生じているように)意味を持たず、対応する観念もなく使われているとき、この想定された観念がどの印象から由来するのかを探すだけでよい(5)」のである。そうすれば、議論を判明に理解できるだろう。

以上の基本的見解に立って、ヒュームは様々な形而上学的観念の中から、「能力、力、エネルギー」とともに、「必然的繋がりの観念」について調べることにする。「必然的繋がり」とはもちろん因果律のことである。ヒュームによれば、これらの観念ほど「形而上学の観念の中で、不明瞭で不確かなものはない(6)」にも拘らず、多くの学問の探求はこれらの上に成り立っている。では因果律の観念のもととなる印象は何か。

まずはわれわれが外的感官で受け取る外的事物間の印象が吟味される。が、ヒュームはすぐに、必然的繋がりの観念を産出することのできる一度きりの経験というものが存在しないことを指摘する(7)。例えばボールが動いて別のボールにぶつかる。ぶつかられたボールが動き出す。これらはすべて目に見える現象であるが、習慣的に原因と考えられている動きと、これまた習慣的に結果と考えられている動きとのあいだの内的な繋がりそのものはどこにも現れていない。そこからヒュームは、目で見る印象のような、外的感官で受け取ることのできる感性的性質では、因果律の基礎を与えることはできないと結論付ける(8)。

次に検証されるのは、内的印象、すなわち努力が身体器官に働きかける際の印象である。身体運動は意志を原因にしているように思われるが、それもヒュームは否定する。というのも、われわれは決して「その実現を可能にする手段、意志がそのような特別な操作をすることを可能にするようなエネルギー(9)」そのものについては意識的になれないからである。

因果律概念の身元を調べるためにヒュームは「原因、結果、そしてそれらを結ぶ関係(10)」を一挙に知ることのできる経験を探していると言うが、ここまでの検証から明らかなように、むしろ彼が探しているのは、原因、結果および原因と結果を一度で、異論の余地なく結んでみせる方法であろう。ヒュームは他に意志が思惟に与える影響や、神性さえも検証するが、どこにもヒュームを満足させるような経験は見出されない。

このことはついに彼をして因果律という観念そのものへの疑いを抱かしめる。対応する印象がない以上、この観念の存在そのものが疑わしくなる。われわれが経験的に知ることができるのは、ある事象と別の事象との契機successionであって、繋がりconnexionではない(11)。繋がりがあるとわれわれが信じているのは、ある契機やその類比的事象がつねに生じていることを見るからである、習慣の仕業である。かくして、因果律という概念は存在しているのでなく、信じられているだけである、という結論にヒュームは至る。

4-2　ヒュームとエンゲルの対決

4-2-1　エンゲルによるヒューム批判

エンゲルは、「力の観念の起源について」という論文でヒュームの因果律の否定を批判した。この論文は、一八〇一年にベルリンの王立アカデミーで読み上げられ、一八〇四年にはそのフランス語訳がアカデミーの論文集に掲載された[12]。ビランはこのフランス語訳に大いに興味を示した。ここでエンゲルは、独自の理解に基づいた力の観念について述べ、それによってヒュームとロックを批判している。またビランは、自らの覚書の中で、そのようなエンゲルの議論を追いながら、エンゲルの批判の賞賛すべき点、批判すべき点を挙げている。順を追って見ていこう。

エンゲルによれば、彼が力の向きtendanceと呼ぶ筋肉の感覚器官に力の観念の起源がある。二人のイギリスの哲学者は、この感覚器官を見逃した。

筋肉を、それによって性質の観念を持つことができる器官と考えていたなら（……）ロックとヒュームは、私が力の向きtendanceと名付けるこの筋肉的な感覚器官に、特別の注意を払っていただろう。また彼らはそのうちに真の力の観念を、それに固有で独特の性質とともに見出していただろう。[13]

エンゲルは、目や鼻といった他の感覚器官と同様に、筋肉も感覚を受け取る器官であると考えた。視覚が色を捉え、嗅覚が匂いを捉えるように、この力の向きは力を捉える器官である。したがってヒュームは、力の観念の起源を探す際に、様々な対象を「見回した[14]」のがいけなかった。視覚は力を捉えるようにはできていないからである。確かにボールの例に見られるように、ヒュームはしばしば見えるものにこだわっているように思われる。しかしそもそも力そのものは見えるものではないのだから、観察方法が間違っているというエンゲルの指摘は正しいように思われる。ビランもこのエンゲルの指摘に触れて、同意を見せている。[15]

では、エンゲルの言う「力の向き」はどのように力の起源を知らせてくれるのか。

自らの力を使って、外的物体が持つ惰性などの抵抗する外的力を克服しようとするとき、この努力はわれわれに疑いの余地なく、原因と結果の間に存在する関係について本能的な観念を与えてくれる。それはわれわれ自身の力の向きと、それを妨げる物体の運動とのあいだの関係である。[16]

ここでエンゲルは、トラシと同じように、外的事物に向けられた運動を想定し、その中に原因と結果の関係を見ようとしている。物を壊したり、折ったり、押したりする例が挙げられているように[17]、エンゲルは私の内的な努力と外的事物の状態変化のあいだに観察される原因と結果の関係を見ようとしている。しかしそれは逆に見れば、外的事物に状態変化が見られなければ、因果関係は明瞭ではないことを意味する。それゆえエンゲルは力や努力の「十分さ」に多くの考察を割いている。例えば棒を折る例を挙げて、それを折ろうとする努力が棒固有の力より強くなければならないというように[18]。エンゲルにとって力の本質は、「外的な力を把握し、決定する可能性、あるいは何らかの結果を作り出すために外的な力と取っ組み合う可能性の中にある[19]」のである。

さらにエンゲルは、努力とそれが働きかける対象では、対象の方を重要視する。

この取っ組み合いについて知るため、そしてそこから力についての最初の感性的観念に至るためには、確かにある程度の努力が必要である。しかしそのことから、単なる判明な気付きの条件にすぎない努力のうちに、力の本質があるのではない。それはむしろ気付かれた対象のうちにあるのである[20]。

なぜ努力と対象という因果関係を構成する二項目のうちの、対象の方を大切と考えるのか。一方を他方より重要視する必要があるのか。それは、エンゲルが暗に、力は、強い抵抗に出会ったときに判明に現れると考えているからである。したがってあまり強くない抵抗をもたらす対象では、十分に強い努力を喚起することはできない。

春の暖かく穏やかな空気の中で動いたときには、確かに筋肉の力は働いているとしても、抵抗を全く感じない。われわれに対する空気の抵抗はあまりに小さいので、毎瞬間それはほとんどゼロにまで還元される。もしわれわれが空気というものをこのような状況においてしか知らなければ、その力の存在についてほとんど知らずに終わるだろう。われわれの筋肉の力は、抵抗する空気の力より無限に大きいので、このような状況においては空気の力について小さな観念も持つことはできないのである[21]。

努力が対象の変化をもたらすのに十分でないときと同様に、努力が対象よりあまりに大きすぎるときもまた、因果関係ははっきりと現れない。力の観念を持つためには、努力がそれと取っ組み合いができるほどの対象が、必要なのである。そのような対象がなければ努力は虚しく空を切るだけである。

以上のことから、エンゲルは、われわれの日常生活の大部分においては、力ははっきりと感じられることはない、という。日常生活においては、エンゲルが技巧 virtuosité と呼ぶ方法で、多くの運動が行われている。

とりわけこの方法〔技巧〕で、われわれは身体の、手や腕を動かしながら、自由な運動を行っているのである。歩きながら足の、話しながら舌の自由運動を行う。何らかの取っ組み合いや、意志の力が身体の力に優っていることについて全く意識せず、最も弱い直観も持たないまま、意志の結果として行っているのである。(22)

確かに、何か強く抵抗するものの状態を変化させようとすることは、全くないことはないが、それほど頻繁に起こることではないだろう。歩いたり話したりするとき、エンゲルの言う意味での力の観念は感じられない。

ここまでエンゲルの議論を丹念に折ってきたビランは、この箇所を引用しながら、次のように述べる。

ここで、ヒュームの懐疑論が、もう一つ心理学的事実に対する議論を見つけて、拍手をしているのが聞こえる。(23)

さて、ビランの目には、エンゲルのヒューム批判はどこから間違っていたのか。どの点で懐疑論の格好の餌食になってしまったのか。このことを確かめるために、ビランが覚書の中でエンゲルの議論を追ったあとに引用するヒュームの言い分を見ることにしよう。

4-2-2　ヒュームによるエンゲルへの反論

エンゲルのヒューム批判に対して、ビランはヒュームの『人間知性研究』などを参照しながら、ヒュームの立場から想像される反論を、自身の覚書の中で紹介する。なおビランの覚書の中のヒュームの言い分に関する箇所は、ビランがヒュームの著作の中から見つけてきた部分の引用ならびに出典不明の引用である。あたかもヒュームがエンゲルに向けて書いた箇所を引用しているかのように見受けられる箇所もあるが、エンゲルのヒューム批判はヒュームの没後に発表されたものであるので、それは不可能である。ビランの想像するヒュームの反論と考えるのが妥当であろう。ビランの想像上のヒュームは、エンゲルにこのように話しかける。

（……）あなたは完全に私の意味にはまったようだ。（……）この技巧、連なる力は、現象が連なること、いつも同じ順序で行われることを見る習慣以外のどこに基礎があるのか(24)。

エンゲルの言ったように、日常生活の運動が無意識的に行われるのなら、その無意識の運動を可能にするのは何かを問わねばならない。それは習慣以外にありえないというのが想像上のヒュームの反論である。しかし習慣によって運動が保証されるということは、結局われわれは習慣的に必然的繋がりを信じるに至っているというヒュームの命題と大きく変わらないことになってしまう。つまりエンゲルは、不覚にもヒュームの立場に格好の例を与えてしまったわけである。

どこでエンゲルは間違えたのか。やはり問題は因果関係である。因果関係についてエンゲルは次のように述べていた。

われわれは意志決定の表象を意志決定そのもののうちに持っている。筋肉運動についての表象も筋肉運動そのもののうちにある。一つ目の表象は内的感官から汲み出し、二つ目は外的感官から汲み出すことができる。唯一われわれに欠けているのは、関係の表象、あるいは二つのものの取っ組み合いである。(25)

エンゲルにとって、内的に感じられる意志と、外的に感じられる外的事物の状態変化は、知られうるものであるが、結局そのあいだにある関係は、推測するしかない。しかしそれでは、意志がどのように筋肉に働きかけるのかわからないので、因果関係を認めることができないと言ったヒュームと同じである。

さらに想像上のヒュームは、エンゲル批判を分析する。

事実、あなたはまず筋肉的な感覚器官を、質の観念や外的属性を与える感覚器官と同じ線上に置いた。それからこの感覚器官は特別な対象を持っていると考え(……)、部分を保つ力に依拠しており、あなたが抵抗の力と呼ぶものを直接的に把握できると考えた。この感覚器官はこの特殊な性質と関係しており、この性質によってのみ働き、動かされるものである。ならば、抵抗する対象が原因で、われわれが棒を折ったり、障害物を動かしたりすることで感じる類の印象が結果である[26]。

確かにエンゲルが、努力より対象に重きを置いた瞬間から、そこに見られる因果関係は、努力が原因で、外的事物の状態変化が結果というよりもむしろ、抵抗する対象が原因で、それから受ける印象が結果になったと考えるべきであろう。しかしそうであるならば、とヒュームは畳みかける。

では、いかにしてわれわれの外に、魂の外に、われわれの感覚が結果となるような原因ないし力があることを知ることができるのだろうか。われわれが対象の性質と呼ぶものは、いかにしてわれわれの感覚と異なるのか。(……)筋肉の感覚器官における印象だけが例外であることをどのように証明できるのか。対象に結び付けられた抵抗が、単なる感覚以上のものであるとどのように知ることができるのか。あなたの言う力の観念の現実性はどこからやって来るのか[27]。

エンゲルの理論の拠りどころであった、筋肉という感覚器官の特殊性が、ここに至ってどんどん失われていく。

4-3　ビランの反応

この論争に対して、ビランはどのような決着を付けるのだろうか。またビラン哲学にとって重要である因果律を、どのようにヒュームの懐疑論から救うのか。

ビランは、一部ではエンゲルに賛同していた。力を感じるためには特殊な感覚器官が必要であること、筋肉感覚が力の存在を教えてくれること、そしてその力にこそ因果律の起源があることについては、ビランはエンゲルを支持している。両者を分かつものを、ビランは次のように説明している。

われわれを分かつ違いは次の通りである。

エンゲル氏は、氏が力の向きとも呼ぶ筋肉感覚器官を、外的障害物を克服しようとしてわれわれが行使する努力に限定した。例えば棒を折るときにわれわれが感じる特殊な感情などである(28)。

すでに第2章や第3章において見たように、ビランにとって身体的運動とは第一義的には〈私〉の意志が〈私〉の身体に及ぼす結果としての運動である。外的事物に向けられた運動ではなく、運動そのものが目的となっている運動、そこにビランは因果律の起源さえをも見ようとしている。

これを証明するために、ビランは二種類の経験を分ける。内的事実と外的事実である。ビランに言わせれば、ヒュームの間違いはここにある。例えば、ヒュームは次のように命題を立てる。

意志が身体器官に与える影響は、あらゆる自然の働きがそうであるように、経験によって知られる事実である[29]。

これに対してビランは次のように述べる。

私は、ここで述べられている同等性をはっきりと否定する。内的で直接的な経験の事実は、外的経験の事実のように知られるものではない[30]。

しかしこの内的な事実とは何を意味するのか。外部と内部を分ける境界線は、ビランが主観的観点を取る以上、自己と考えていいだろう。けれどもわれわれの経験は、そういった意味での外部と内部が複雑に絡み合った結果である。そもそも身体そのものが外部と内部にまたがっている。身体は「内的に」、主観的に、〈私〉にとってだけ感じられる側面もあるし、「外的に」、つまり自己以外の存在と同じ空間のうちに存在して、他のものと同じ資格で見られ、触られる側面もある。もっと言えば、過去の経験は

「内的に」保存されているものであるが、それは現在や未来の「外的な」身の振り方を規定することもある。あるいは「外的な」事物から受けた印象は、「内的」に貯蓄されることもある。そのように考えると、そもそも内的と外的という区分さえ危ぶまれてくるように思われる。では、ビランはどのような資格で、意志が身体器官へ与える影響を内的事実と呼んでいるのか。ビランは続ける。

意志あるいは自我の働きは、自然の働きと呼ばれるものと全く類似していない。対象や現象の表象は、対象の現実性や現象の外的原因などに疑いを挟むことがある。しかし行為や、自我がそれを現在実行しているのは自分であると主張する能力についての内的な覚知は、それ自身がその対象ないし範型である。それは自分自身の他にいかなる原初的な範型を持たずに、外的な力の観念に範型を提供するもともとの感情である。(31)

ビランによれば、内的事実が内的であるゆえんは、一つは、意志の働きを覚知する際、覚知するものと覚知されるものが同じ自己に属していること（それ自身がその対象ないし範型であること）、またもう一つは、自分自身の他に範型を持たないことによる。

まず一つ目の点を見ていこう。内的経験は、外的事物の存在に影響されない、主観的にのみ感じられるものである。それは、対象的に捉えようとすると逃れてしまうことを意味している。ビランに言わせれば、ヒュームもエンゲルも、因果関係の「表象」を探そうとしている時点で、すでに過ちを犯していたのである。意志が身体を動かすという、ビランの言う内的な事実を、外的な表象に変換せずに、主観的に調べることによって、因果関係の原型は見出されうる。それをあたかも外的事実であるかのように探したのが、彼らの間違いであった。エンゲルは、ヒュームが因果関係の原型を見つけるために様々な対象を「見回した」のがいけないと言った。その点については正しかったが、結局エンゲルも、「見る」以外の主観的方法に徹底することはできなかったのである。

しかしビランの考える内的経験が特殊であるのは、ただ単にそれが主観的に感じられるものであるからではない。自分自身の他に範型を持たないとはどういう意味か。ビランはさらに論を進める。次の件に関して、ビランはヒュームに賛同する。

外的経験においては、事実は決して原因のエネルギーの中に予見されることはない。なぜなら、厳密に、われわれは事実しか見ていないからだ。そしていかなる方法でも、原因のエネルギーを感じたり、覚知したりしていないからだ(32)。

外的経験において、われわれは事実を「見る」だけであり、それゆえ原因の中に結果を予見することはできない。見るということは、対象から一定の距離を保ってそれを目で見るということである。すなわち表象の次元にしか関わることができない。しかしこの引用の中には、因果関係は「感じたり、覚知したり」するものであるというビランの考えがすでに垣間見えている。ビランは続ける。

自由な努力や、意志が作り出す運動において有効であることなどの内的経験においては、事情は全く異なる。われわれは原因を知覚すると同時に結果を感じる。意識の最初の行為がすでにわれわれに、自我である原因のエネルギーそのものの中で、運動の事実を予見することを可能にしてくれる。この場合の予見は、特異なものである。(33)

内的経験においては、原因と同時に結果が感じられる。ということはビランにとって原因と結果が独立して存在していないことを示している。もしこれらが独立しているのなら、一方が確定されても、もう一方には直接的な影響はない。それゆえ二つの項目を繋ぐ関係を探さなければならなくなる。しかし原因と同時に結果が感じられるということは、まず因果関係という繋がりが存在しており、そこから原因と結果が演繹されるとビランが考えていることを意味している。実際に、ビランは、エンゲルが因果の二項を別々に考えていることを指摘し、「むしろ事態は反対であり、内奥の関係そのものが意識の原初的事実ないし自我の感情を構成している(34)」と考えるべきであると述べている。

以上見たように、ここで「内的」と呼ばれている経験の特殊性は、主観的にしか感じられないという親密性に加えて、原因と結果という別々の項目以前に、因果関係そのものをまず知らせるという自律的性格に由来する。ここでの「内的」経験とは、つまり件の「内奥の」経験という意味で解していいだろう。すでに見たように、内奥の感官とは努力の感官なのだから。因果律の原型を知るのに、ビランが「たった一度の意志的運動をするだけで十分だ(35)」と考えるのは、それが原因も結果も、そして何より因果関係そのものを含む自律性を有しているからである。

さて、先の章で、意志的運動において原初的事実として知られるのは意志と抵抗との関係であることを見た。自己の内側よりも最も内側にある内奥官にて、それは感じ取られる。そこにこれまでの因果律についての議論も考慮に入れると、意志と抵抗との関係は、因果関係であることがわかる。しかもそれは、意志があったのちに抵抗があるとか、抵抗があったのちに意志が生じるとか、個別に存在するものではなく、まず因果関係そのものが感じられるのである。具体的に考えてみよう。例えば自分の腕を動かすとしよう。腕を動かす際、直接的に主観的に感じられることに忠実であるなら、動かそうという意志があって、その結果、腕が動いたとは感じないだろう。感じられるのは、腕が動いているという事実である。麻痺や怪我などの特殊な場合を除いて、筋肉神経ともに正常である場合には、「腕を動かす」意志と「腕が動いている」ことは、渾然一体となっている。因果関係を形成する意志と抵抗という二項があるというより、まず因果関係そのものがあると感じられる。これが努力の感官において感じられる直接的事実である。その上で、もしこの事実に分析のメスを入れるなら、確かに原因としての意志と結果としての運動が現れるだろう。

　また、ビランはここではもっぱら原因としての自我と結果としての筋肉感覚にのみ言及しているが[36]、運動の細かい過程を分析すれば、意志と抵抗は互いに規定し合っていると考えられるのではないか。確かに運動を産出するのは「私」である。そうでなければそもそも「意志的」な運動ではない。しかしその過程を分析すれば、意志は有機的抵抗を動かそうとしている側面もあるし、有機的抵抗が意志に対して抵抗することで、その結果新たな意志を生んでいる側面もある。マクロで見れば、自我が運動を産出する過程にありながら、ミクロのレベルで分析すれば、緊密した関係のうちに、意志と抵抗のあいだで因果が循環している、あるいは互いに規定し合っていると考えるべきであろう。

　いずれにせよ、意志的運動における意志と抵抗とのあいだに因果関係の原型を見つけることで、ビランはエンゲルよりもさらに内的な、内奥官の事実を開示した。エンゲルは、ヒュームに対して「視線をめぐらせるのではなく、触り、手探りし、掴むことが必要だ[37]」と述べた。それに対してビランはこう付け加える。「私なら、たった一度の意志的運動をするだけで十分だと言うだろう。というのも意志的運動を欲する超有機的な力は、筋肉惰性に直接的に適応されることによってしか、障害物や外的な力に適応されることはないからである[38]。」

　以上見てきたように、ビランは、原初的事実は意志的運動における因果関係の把握によって見出されると考えた。それは内的ないし内奥の経験であり、外的事物に影響されるものではない、とビランは言う。しかし注意しなければならないのは、ここで「内的経験」と呼ばれている経験は、それが関わるものが「内的」にしか感じられないという意味であることである。つまり、それが「内的」に感じられるのみであるからといって、因果関係が意識の内部にとどまるとビランが考えているわけではない。第1章で見たように、意志的運動は、超有機的な力が有機的な身体に働きかけることで生じるものであった。さらに第2章では、そのうちには意志と抵抗の関係があり、互いに規定し合っていることが明らかになった。言い換えると、意志的運動は、超有機的な秩序と有機的な秩序との相互限定的な関係の上に成り立つということである。超有機的な秩序とは意志である。一方の有機的秩序とは身体であるが、その延長には、外的世界があり、外的事物がある。したがってビランが捉えた因果関係の原型は内的に感じられるものであるが、意識の内部と外部にまたがる二元性によって支えられている。

ところで、以上の因果律の起源をめぐる議論で、ビランはつねに因果律を意志的運動との関係から論じてきた。このことは少し意外にも思われる。なぜなら第3章で見たことによれば、因果律は反省においてて重要な概念であったはずである。それなのに、この一連の議論において、ビランは「反省」についてほとんど触れなかった。もし、意志的運動においても、反省においても、因果律の把握が問題になるのなら、「反省」と意志的運動はどのように異なるのだろうか。

第5章　覚知と反省

原初的事実とは、意志と抵抗との二元性であった。受動的印象に覆われているこの原点を再発見することができるのは、人間だけであるとされる。では、この再発見は、「覚知」なのだろうか、「反省」なのだろうか。この点に関してビランの答えははっきりしない。同じビラニスム期に書かれた著作の中でも、ある部分では努力の感官は覚知の感官であると言い切り、その実行によって因果律が知られると述べていたり(1)、また別の部分では、原因を結果の中に結果を原因の中に覚知する（気付く）ことを、言い換えて反省であると述べたりしている(2)。「覚知」も「反省」も同じことを指しているのだろうか。しかしビランが二つの違う言葉を使ったからには、やはり二つの異なる事態が想定されているのではないか。この章では、二つの概念「覚知」と「反省」の関係を解きほぐし、それによってビラン哲学から浮かび上がる意志的運動の性格を読み取ることを目指す。

5-1 覚知

まず、覚知について調べることから始めよう。すでに指摘してきたことであるが、ビランが覚知について語るとき、そこには二つの異なる側面が認められる。

一つ目は、人格の起源としての覚知である。例えばビランが、『心理学基礎試論』の「努力と人格性の起源の探求」と題されたセクションにおいて、非意図的努力が次第に欲された努力へと変化する過程を述べるときがそうである(3)。ここでビランは、本能的な運動がいかにして自然発生的運動を経て意志的運動に変わるかを述べたのち、意志的運動において人格性の基礎が見出されるという。

本能的運動を直接的に覚知したり感じたりすることのできなかったこの力〔超有機的な力〕がこのときから、自然発生的な運動を感じ始める。それはいかなる情感も乱したり関心をそらさせたりすることができない運動である。しかしここにおいても超有機的な力は、運動を始めることができるという自らの能力に気付くことなく、直接的器官によって自然発生的に作り出された運動を感じることができない。この能力を感じるとすぐ、超有機的な力は、自ら運動を行うことで、それを行使する。運動を行うとすぐ、超有機的な力は、自らの努力を抵抗とともに覚知する (aperçoit)。超有機的な力は自らにとって原因であり、自らが自由に作り出す結果との関係において、超有機的な力は自我である。このようにして人格が生じる（……）。[4]

本能に基づく運動や、習慣的、自然発生的に繰り返される運動においては、主体は自らが努力を行使して抵抗とともに存在していることを感じない。それに対して意志的運動を行うとき、すなわち超有機的な力が、自らが原因となって運動を作り始めるとき、それは自らを知り、自我として自らを直接的に覚知する。そうして、〈私〉が他ならぬ〈私〉であるという確信、すなわち人格性の基礎が獲得されるとビランは考えた。「原因である努力に同化されることで、自我は、結果である筋肉感覚から識別されるやいなや、自らの存在について内的な覚知を持つ」[5]のである。このような覚知についての理解は、ここまでビランを読んできた者としては、驚くことではないだろう。

同じ『心理学基礎試論』の次のセクション「われわれが自分自身の身体を持っているという知識の起源」[6]を読むとき、われわれは覚知の二つ目の側面を目の当たりにすることになる。このセクションは、感覚に対して運動が優位にあることを確認する際に、すでに言及した。その際確認したのは、まず意志的運動がなければ、印象を器官に局所化できないこと、そして意志的運動が内的に感じられる器官の分離の基礎にあることであった。主体が細かく動くほど、曖昧な内的空間として感じられていた固有身体は主体にとって分節化されて現れるのであった。またレジスの、患者の指を押す医者の例も、この箇所で言及されている。

奇妙に思えるのは、ビランが身体という内的空間の曖昧な把握において「直接的内的覚知」という語を使っていることである。

分節点が増え、努力の主体が単一で同じものであるにつれて、その〔努力が適応される〕項は、様態や性質において変化を見せる。直接的内的覚知がはっきりし、確かめられる[7]。このように分節化された身体の各部分に、印象が結び付けられることで、直観や感覚、知覚のような経験が可能になる。これらの経験は、受動的印象と自我の能動性との混合的経験だからである。しかし受動的印象を身体に結び付けるために必要な身体の分節化が「覚知」と呼ばれるのなら、それは意識的経験の基礎にあるものでなければならない。

ところが先ほど見た人格性の起源として覚知、すなわち覚知の一つ目の側面は、本能的経験、自然発生的経験を経て、到達されるものとして描かれていた。ビランははっきりと、その漸進的性格について述べている。いわく、「動物は、最初の二つの段階〔本能的運動と自然発生的運動〕はすぐに辿り着く。人間のみが三つ目〔意志的運動〕に達することができる。しかしそれは漸次的にのみ可能である[8]」と。意志的運動では、自我は、有機的抵抗とともに意志を把握する。二元性を把握することで自我の意識は生じる。すなわち自分自身の直接的な認識が可能になる。

反対に、二つ目の側面は、感性的経験の基礎として描かれている。それは隠れて機能しているものであり、再発見されるのを待っている。この段階においては、自我はまだ曖昧にしか知られていない。抵抗する連続体である固有身体を分節化している段階である。覚知の一つ目の側面が、努力が働きかけるのは固有身体であることをわれわれに教えるのに対し、二つ目の側面は、努力が起源的に働きかけていたのは固有身体であったということをあとからわれわれが知るために必要なものである。

では、二つの側面の関係はどうなっているのだろうか。このことを調べるために、漠然と感じられる内的空間としての固有身体は、どのように意識に現れるのかを考えてみよう。すでに見たように、ビランは内的空間としての固有身体を、抵抗する連続体という概念を用いて説明している(9)。主体にとって固有身体が内的空間として現れるのは、努力の主体が同一であるのに対して、抵抗する身体を構成する諸部分は本質的に多数であり空間的であるからであった。主体が固有身体を内的空間として漠然と知ること、それが、われわれが固有身体を持っているという知識の起源にある。

最初に内的空間として感じられるものは、努力に応じる随意筋の塊である。このとき主体は身体全体について漠然とした認識を持っているだけである。それが分節化されるのは、筋肉を動かすことによるのであった。というのも筋肉は自然と部分に分割されているからである。

これらの分節点が多数化すればするほど、内的直接的覚知は照らし出され、識別される。個体性ないし努力の恒常的主体の単一性は、より、その対立するものによって、動的な項の多数性と変様性によってさえ、明らかになるのである[10]。

内的空間が分節化すればするほど、意識の次元での個体化が進む。言い換えると、自らが人格的統一性を持った個体として存在しているという意識の明瞭さは、自らが感じる内的空間、身体の動かし方についての明瞭さと類比関係にある。固有身体の動かし方に意識的であればあるほど、個体としての意識が強まる。あくまでビランにとって、〈私〉は身体とともに、あるいは身体として、存在しているということである。もちろんビランも、思弁的行為を否定しているわけではない。実際、『心理学基礎試論』の最後のセクションは、抽象的思考がどのように原初的事実に依拠しているかを説いたものである。思索にふけっているときにも〈私〉が〈私〉であるという意識は当然存在している。ただビランにとって個体化が最も際立って感じられるのは、つまり自分が自分であるという感覚が最も鮮明に感じられるのは、自分でない抵抗に出会うことで自分が限定されて現れるときであり、その抵抗の中で最も根源的なものが身体であるのである。運動の中で意志が身体に働きかけ、意志と有機的抵抗が互いに限定し合うときに、主体は、抵抗に働きかけると同時に私自身に立ち戻らされているように感じ、それが〈私〉の存在を〈私〉に、否定の余地なく知らしめる。

内的空間としての身体の分節化と個体としての明瞭な意識が類比的関係にあるということはつまり、曖昧で漠然とした身体についての認識と、個体化の鮮明な意識は共存できないということでもある。

覚知の一つ目の側面すなわち人格的自我の起源としての覚知は到達すべきものであるが、それに達するためには二つ目の側面がすでになければならない。一つ目の側面において、二つ目の側面によって与えられていたものをはっきりと把握するのである。それぞれの場合において、意識はどのように原初的二元性に関わっているのか。一つ目の場合には、二元性を把握している、あるいは意識は二元性を含み込んでいる、そのために主体は抵抗と限定し合い、自分自身の存在を知る。二つ目の場合は、また二元性を把握していない。そしてそれゆえに、意識はいまだ曖昧である。意志と抵抗の関係を把握することで意識は明瞭になる。人格性の誕生は、力が、「自らが自由に作り出した結果との関係において、自我である(11)」ことに由来する。

反省との関係において問題となるのは、以上見てきたことを踏まえれば、明らかに覚知の一つ目の側面であろう。すなわち人格的自我の根拠としての、自分が自分であるということを直接的に感じる根拠としての覚知である。これと反省はどのように異なるのだろうか。

5-2　反省の構造

反省はどのように実行されるのか。何が、反省を反省たらしめるのか。前の章で見た反省の定義をもう一度確認しておこう。

精神がそれによって、一群の感覚の中で、あるいは何らかの現象の結合の中で、あらゆる要素と、一つの基礎的統一との共通の関係を覚知する働きを、私は反省と呼ぶ。例えば複数の様態ないし性質と抵抗する統一体との関係、複数の多様な結果と同一の原因との関係、可変的諸変容と同一の自我、内属的主体との関係、そして何より、反復される運動と、同一の生産的力ないし同一の意志、自我との関係である。(12)

反省とは、可変的な要素と普遍的な一つの項目とのあいだの「共通の関係」を抽出する働きである。第3章で、ビラニスムにおける自我の発展を見たように、情感的体系、感覚的体系、知覚的体系、そして反省的体系に沿って、自我は発展してゆくとビランは考える。意識の基礎になるのは、原初的事実における二元性の関係であった。この意識を下支えしている隠された二元性は、二重の生に至ったのち再発見されるものである。ビランはこの構造を、いく度となく繰り返し説明している。例えば『思惟の分解についての論文』に沿って見てみよう。この論文では、この関係を生気の感官sens vitalと努力の感官sens d'effortの関係として捉えながら説明している。情感的経験においては、生気の感官しか働いていない。それは一重の生、有機的生、あるいは純粋に情感的な生である。ここに努力は全く参与していない。しかし直観を経て、感覚の経験に至ると、努力は生気とともに働き始め、生気の感官と努力の感官のあいだに「内密な結合」[13]が生じるようになる。ビランによれば、この結合が生じることで、たとえそれが曖昧なものであったとしても、可変的要素と不変的項目の関係が生じる。そうでなければ主体は人格として存在することができない。ただこの人格性については、はっきりと感じられるのはただ反省の体系における経験のみである。

感覚の変化の中にあっては、自我、原因、主体、および対象について、われわれはほとんど判明に理解しない、あるいはむしろその判明な理解は全く持っていないと思う。しかしそれについて判明で截然とした概念がないからといって、この統一性が具体性の中で、われわれがそれについて意識している知覚や表象とともに与えられていないというわけではない。そもそもその統一性があることによってのみ、われわれは個体的な人格として存在しているのである（……）[14]。

感覚や知覚といった経験において、感覚されたり知覚されたりする対象の方にわれわれの意識が向いているからといって、自我としての統一性がないわけではない。ただその統一性が判明に感じられないのは、受動的印象が強烈で、能動性を覆っているからである。われわれが注意を払っている知覚的経験においてさえ、われわれがその知覚の対象自身を作り出したのではないのだから、未知の部分は残る。未知の部分があれば、因果関係の完全な把握に支障をきたす。逆に言えば、経験を構成する要素のうちに未知のものがないとき、可変的要素と普遍的項目との因果関係が把握でき、能動性が明瞭に知られる。それが反省における関係の抽出である。

ところでこの抽出されるべき関係は、因果関係である。したがってこの関係を知るためには、それを構成する原因と、原因が作り出す結果が識別できることが必要である。因果関係についての議論を踏まえると、それは第一義的に、意志的運動において意志する自我と固有身体との関係であると考えることができる。ならば、意志的運動もまた、因果関係の抽出という意味で、反省であるべきである。ところが反省について記述する際、ビランは意志的運動についてはほとんど言及していない。なぜだろうか。おそらく、第3章で確認した「反省の実行を等しく促す二つの状況」[15]と関係があると思われる。二つの状況とはすなわち、発話器官と聴覚器官が自然的に別の空間を占めているという分離、およびそれら器官が分離していながらも同じ人間に属している限りで、器官同士の交流が完全に内的であるという、内的交流である。この二つの状況のうち、意志的運動は、一つ目の状況を満たしていない。原因である意志の実行および運動の結果はいずれも筋肉において現れるものであり、別の空間を占めているわけではない。それゆえ、原因と結果が混同されるかもしれない。おそらくそのような危惧のもと、ビランは反省のモデルとして聴覚と結合した声を挙げたと思われる。ビラニスム期の著作において、この例は何度となく反省のモデルとして登場する。しかし本当に、意志的運動では反省として認められないのだろうか。このことを探るために、聴覚と結合した声のモデルにおいて、何が反省を可能にしているのか、分析していこう。

自分の声を自分で聴く体験においては、まさにビランの言う反省を促す二つの状況、すなわち器官の分離と同一主体における内的交流が揃っている。知覚的経験においては、どこまでがその経験の原因で、どこからがその結果であるか、識別するのは難しい。光が目に入って脳に伝えられその結果対象が見えることを知識として知っていても、その識別を直接的に感じることはできない。聴覚においても、触覚においても、もちろん味覚も嗅覚も、同様である。因果関係を把握するにはまず原因と結果の識別が必要である。自分が発した声を自分が聴く場合、その主体は自然にこの識別ができる。原因は〈私〉の意志に由来するものであり、結果は〈私〉が受け取る音の印象である。原因は声帯で発し、結果は耳で受け取る。つまり原因と結果は別々の空間を占めている。それゆえ混同はありえない。明らかに、発声が原因であり、聞こえてくる音が結果である。しかし二つの異なる器官で感じられた原因と結果は、同じ主体に根ざしている以上、同時に、因果関係のうちに把握される。自分の声を発して、それが同時に自分に聞こえるとき、人はその声の主が自分であること、自分の声を自分で聴いていることに疑いを挟まない。

ではこの二つの状況は、どのように反省を促し、どのように因果関係の把握に貢献しているのだろうか。第3章で見たことではあるが、もう一度、外の音を聞く経験について、今度は『直接的覚知について』から引用してみよう。

われわれと同じ種類の存在で、聞いて理解する能力を持っている者の中で、聞こえる音を模倣する能力ないしそれを自ら再生産する能力を持っていない者はいない(16)。

ここでは単に音を聞くこと、つまり聴覚という知的体験が問題となっている。自分の声ではなく、外からやって来る音を聞いて理解するということは、その聞こえる音を模倣することであり、つまり自ら再生産することである。聞こえてくる音は、実際に声に出さなくても頭の中で反復しながら理解することができる。言い換えると、音を反復することによって、聞こえてくる音に私は参加しているのであり、この参加によって、理解が可能になる。ビランはここで「理解」について述べている。ここで述べられている事態に限って言えば、言語を聞く場合以外にも敷衍していくことができるだろう。自然の音を聞くときでも、その音に注意を払っているなら、そのときわれわれは、その音を内的になぞっていると言えるだろう。つまり聞こえてくるだけの音と、注意しながら聴く音の違いは、その音を内的に発しているかどうかにある。音を知覚的に（注意を払って）聴く行為自体に内的に音を発するという能動性が認められる。

では、自分の声を聴くときはどうか。この場合、外から聞こえてくる音は他人の発した音ではない。自分の発した音でありながら、骨を伝わって内的に聞こえるだけでなく、耳を通して外側から聞こえてくる音である。どのようにして外から聞こえてくる音が自分の発した声だとわかるのか。この問いには、ひとまず次のように答えることができるだろう。すでに見たように、音を聴く場合には、聞こえてくる声を内的に話すという能動性がある。それに加えて、自分の音を聴く場合には、そもそもの音を発するという、外へ向けて話す能動性がある。この外へ向けて話す能動性と内的に話す能動性は、別のものである。この二つの能動性が一致することによって、主体は、聞こえてくる音が自分のものであるとわかる。『心理学基礎試論』の表現に従えば、「エアリアンハープ」ではなく「自らを爪弾く生きたハープ」であり、「生きたエコー」のある状態である。(17)

さて、もう少し考えてみよう。なぜ主体は、二つの能動性を比べ、それが一致しているとわかることができるのか。ビランの説明に従えば、それは「運動とその結果である音が同一の源から発されており、同じ主体へと向けられている」(18)からと言えるだろう。しかし同じ主体から「発される」とはどういうことか。どのように運動と音は、主体と繋がっているのか。ビラン哲学において、能動性があることに判明に気付いているということは、覚知があるということであった。ならばこの場合、主体は二つの覚知を持っていると考えられるのではないか。『直接的覚知について』における自分の声を聴くという行為についての記述の中に、われわれの考えを裏付ける指摘がある。

この二重の関係から、声と結合した聴覚に特有の二種類の覚知を引き出すことができる。一つは自由な決定の中で考えられる声を発する努力に関するもので、直接的内的覚知というすでに触れた称号のもと識別できるものである。もう一つはこの努力の結果ないしその産物に関するもので、媒介的ではあるがそれでも内的な覚知と呼ぶことができるだろう。(19)

覚知においては、原因としての自我が知られる。これがビラン哲学の原則であった。ならば二つの覚知があるということは、それぞれの覚知において、原因としての自我が知られているということになる。発話に関する覚知は、発話するという意志的運動に由来している。自由に発せられた声という結果に対して発話意志を持つ自我が原因として、直接的に、内的に、覚知されている。それに対して、聴音に関する覚知は、聞こえてきた音を内的に再生産するときになされる可能的想像的運動に由来している。内的に音を再生産するということは、聞こえてくる音を実際に発するなら、そのためになされるべき運動を想像上で行うということである。それは想像上の運動であるが、少なくともその半分は確かなものでもある。なぜなら、音という結果が実際に存在しているからである。この場合、実際の声帯は動かないが、主体は想像上の運動と実際の結果との因果関係を「媒介的に」覚知していることになる。

したがって、自分の声を聴く場合、発話意志と音という同じ二つの項目をめぐって二つの異なる能動性についての二つの異なる覚知があることになる。一つは発話意志から、つまり原因から引き出される通常の意味での能動性であり、もう一つは聞こえる音から、つまり結果から媒介的に引き出される能動性である。主体が、二つの能動性が一致していると知ることができるのは、二つの覚知があるからである。それゆえ、聞こえてくる声が自分の声であるとわかるのである。この意味で、『心理学基礎試論』におけるビランの次のテキストも理解されなければならない。

> 音を発し、自らを聴く個体は、自らの能動性について二重化された知覚を持っている。彼の意志が決定する自由な反復の中で、彼はそれを実行する能力について意識している。彼は結果の中に原因を覚知し、原因の中に結果を覚知する。彼は、この根源的関係の二つの項目について判明な感情を持っている。一言で言うと、彼は反省する。彼は反省することによってのみ、意志的な音を発し、あるいははっきりと発音しているのである。[20]

このように考えれば、器官が別々の空間を占めていることは、ビラン本人の言にも拘らず、反省にとって本質的な状況ではないことがわかる。[21] 本質的であるのは、同じ項目から成り立つ二元性について二つの覚知を持つことである。

自らが発する声を聴くことによって、主体は、意志と声とのあいだにある原因と結果の関係をあますことなく知る。このことによって、不変的な一つの項目と可変的な要素とのあいだの関係を抽出する。つまりたとえどのように声が変わろうとも、それらの声と、自らの発話意志という一つの項目とのあいだには、つねに一定の関係があることが知られる。ビランが「聴覚は反省の直接的な感官」であり、それは「すぐれた理解の感官」であると述べた意味もここに見て取れるだろう。[22] 以上の構造が、反省の行われる構造として理解することができる。すなわち唯一の行為に関する二つの能動性によって二重化された因果関係の抽出が、反省である。

5-3　覚知と反省

ここまで、覚知および反省について考察してきた。いずれも自我が原因になる因果関係の把握が問題となっている。では改めて、覚知と反省はどのような関係にあるのか。

この関係を探究するにあたって考えさせられる事柄がある。ビランが反省の体系の産物として語る、記号の制定である。先回りして言えば、この記号の問題を組み入れることで、覚知と反省の関係を具体的に描き出すことができるだろう。まず、記号についての記述を調べよう。

ビランによれば、声こそが人間によって制定された最初の記号である。

子供は、自らの叫びや声音を要請の記号に変えることができたり、あるいはそれを誰かを自分のところへ呼ぶために使ったりして初めて、記号を持ち始めることができる。(23)

ここで記号と呼ばれているのは、書かれた記号ではなく、声とその意味する内容である。子供、というよりむしろ生まれたての赤ん坊は、最初は本能に従って声や叫びを発するだけである。しかし、ビランいわく、彼はやがて彼が発する声が、周りの人間に多かれ少なかれ影響を与えていることに気付く。そしてとくに彼のある種の叫び声が、他の人間を呼び寄せる効果を持っていることに気付くとき、「反省の最初の行為に結び付いた精神的な能力の最初の感情(24)」を持つのである。つまり彼は、最初は人を呼ぼうと思って叫んでいたのではないが、他者の反応を見るにつれ、彼の意志が、他者との関係においてどのような影響力を持っているかを知るに至る。

しかし「この影響力について確信するためには、それを実行する習慣を持たなければならない。個人が彼自身によって記号を制定し続けなければならない(25)」。最初の反応はまぐれかもしれない。しかし同じ記号を繰り返し使用することで、同じような結果が繰り返し得られることに気付けば、その影響力について確信が持てる。それと同時に、叫びが記号としての地位を確立する。ここに至って赤ん坊は「記号を持ち始め」た段階から一つステップアップして、「影響力について確信」し、記号を制定するに至る。以上が、ビランによる最初の記号についての記述である。

さて、この智謀に富んだ赤ん坊の例には、二つの因果関係が存在している。一つは叫ぼうという主体の意志と、叫び声とのあいだ、そしてもう一つは、叫ぶという主体の運動と、それに対する他者の反応とのあいだにある。赤ん坊が繰り返し叫び、記号の影響力を確信していくとき、赤ん坊は二つ目の因果関係を確かめているのである。ここでビランは指摘する。「彼は結果により注意すればするほど、原因に気付きにくくなる(26)」。他人の反応を気にかければかけるほど、叫ぼうとする意志そのものからは注意が逸れ始める。そのようにして、叫び声は叫ぼうとする意志に対する結果というよりも、他人を呼ぶための原因としての色合いを強めてゆく。これがビランの言う記号の制定である。この記号が制定されるとき、赤ん坊は一つ目の因果関係についてはもはやほとんど意識していない。

では、覚知と反省と、記号の制定との順番はどうなっているのだろうか。ビランは次のように説明している。

行為の内的覚知なしには、あるいは欲された努力なしには、いかなる制定された記号もない。そして制定された記号がなければ、厳密に言っていかなる反省もない、いかなる観念も、われわれの知的行為やその結果についての判明な概念もない（……）[27]。

意味はしばらく置くとして、ここから読み取れるのは、覚知があるから、記号が制定できるということであり、制定された記号があるから、反省が可能になるということである。記号制定の基礎には、覚知があるのである。別の箇所でもビランは「制定された記号の最初の使用は、本質的に意識の原初的事実を前提としている。すなわち努力の主体がそれに抵抗する項とははっきりと異なるという直接的覚知を前提としている[28]」と述べている。さて、ここで問題となっている覚知は、「欲された努力」とも言い換えられているのであるから、〈私〉が〈私〉であることを知る、到達点としての覚知のことであると解釈して差し支えないだろう。ではこの覚知によって記号を獲得する、とは何を指すのか。しかも記号は反省のために必須の要素であるのだから、記号の獲得は覚知によって、反省より前の段階で、つまり反省なしに、遂行されるものでなければならない。それはどのように可能なのだろうか。

少なくともここに至って、今まで覚知と反省について共通項があることを確認してきたとはいえ、明らかにビランは覚知と反省を別のものとして考えていることは明白である。そしてそのあいだに記号の制定があると考えている。複雑に見えるこれらの関係を、一つずつ紐解いていくことにしよう。

ビランが「反省」と言うとき、そこにもやはり、いくつかの異なる局面が認められる。

第一の局面は、人格性の起源として現れ、覚知と同じ役割を果たすものである。つまり自我が原因になっている因果関係の把握を可能にする反省・覚知である。この局面にスポットを当てれば、反省と覚知は同じものと見なすことができる。人格性の起源としての覚知は意志的運動のうちにある。また、因果関係の把握は、意志的運動のうちに行われる。やはり反省が因果関係の抽出であるというなら、意志的運動もまた反省でなければならないだろう。これはミシェル・アンリが『身体の哲学と現象学』において発展させた局面である。ここからアンリは、内的覚知を反省と同一視し、反省とは「我、能うje peux」という身体の原初的状態の基礎をなすものであると考えた[29]。アンリが引用しているように、確かにこのような反省の側面を認めるビランの記述もある。例えばフランシス・ベーコンについて言及する際、ビランは外的表象や想像力の対象についての学問と、「反省ないし内的覚知の主体についての学問[30]」が必要であると述べている箇所などがそうである。ここでは反省と覚知は同一視されている。

しかしビランが反省と言うとき、事態はそれだけではない。記号の制定に関して見たように、反省と覚知には差異が認められるときもある。反省の異なる局面を見るにあたって、『直接的覚知』の中にある反省に関する記述を見てみよう。ここでビランは、自分の声を聴くという生きたエコーを作るのは「二つの同価だが識別される印象、一つは外から来るものとして感じられたり知覚されたりするものであり、もう一つは努力やそれを作った魂の能動性の直接的な産物として覚知ないし反省される印象[31]」であると述べている。挙げられている二つ目の印象とは、自分自身が声を発するという行為についての「覚知ないし反省」である。ここでも覚知と同一視された反省が見出せる。しかしそのようにして感じられた印象と、外から受け取る印象が重なることで得られる経験、すなわち自分の声を自分で聞く経験によって得られるものもまた、反省ではなかったか。そのように考えるとき、因果関係の抽出に必要な二重化するための要素としての反省と、二重化された結果としての反省が浮かび上がる。

二重化する反省と、二重化された反省のうち、前者は覚知と同一視することができるものであり、後者は自分の声を聞くことで行われる反省である。この二重化について考えていこう。

少なくとも、それぞれの局面がいずれも「反省」と呼ばれている理由は、これまでの反省に関する考察から、十分に推測できるだろう。前者は意志的運動が行われているからであり、後者は自分の声を聞いているからである。いずれにおいても因果関係を構成する二つの項目およびその関係そのものが直接的に把握されている。何度も見てきたように、反省とは因果関係の抽出であった[32]。意志的運動においては運動を行う意志と運動のあいだに、声と結合した聴覚の場合には発話意志と発話のあいだに、因果関係が認められる。

しかしながら、自分の声を聴く場合を細かく分析するとき、この行為と意志的運動とは、単なる類比関係にあるのではないことがわかる。ここで記号の制定が大きな役割を果たす。自分の声を聴くことで記号を制定するという、先に見た現象には、因果関係に気付く発見の瞬間と、希望する結果を作り出すために自分自身を調整する、構成的かつ内省的で、持続的な行為とがある。ビラン自身も、「この影響力について確信するためには、それを実行する習慣を持たなければならない。個人が彼自身によって記号を制定し続けなければならない」[33]と述べていた。その少し先にも、自分が原因であり結果でもある因果関係に気付くことは、「反省の第一の行為」[34]であると書かれている。つまりそれに気付くだけでは、自分の意志と行動のあいだにある因果関係について知りえただけであり、その行動のもたらす影響まで確信しているわけではない。赤ん坊が泣いて、その声を聞いて一度誰かがやって来たとしても、それは偶然かもしれない。同じような結果が続いて初めて、記号の影響力について確信が持てるようになる。そのために、記号を制定し続ける必要がある。記号を繰り返せば繰り返すほど、その記号の機能について把握できるのである。

先ほど、赤ん坊がその泣き声を記号として制定することに関しては、二つの因果関係があることを見た。一つは赤ん坊の発話意志と泣き声との関係であり、もう一つはその泣き声とそれを聞いた他の人たちの反応との関係である。最初、赤ん坊は、二つ目の因果関係にしか気が向いていない。しかし泣き声をあくまで他人を呼ぶ記号として繰り返すうちに、ビランによれば、赤ん坊はどのような声が効果があり、あるいはないのかを意識し始め、泣き方を見直すことになるだろう。つまり一つ目の因果関係に立ち戻らされるのである。したがって記号を精細に制定しようとすればするほど、われわれは自分自身をよりよく知ることになる。「制定された記号がなければ、厳密に言っていかなる反省もない」[35]とは、この意味で理解することができる。記号という媒介を通して、〈私〉は〈私〉自身に立ち戻らされるのである。

ところでここで〈私〉がそこへと立ち戻らされているところの〈私〉自身とは、原初的事実であり、人格的自我の基礎である。すでに数回引用した『心理学基礎試論』の箇所を、もう一度見てみよう。

分節点が増え、努力の主体が単一で同じものであるにつれて、その〔努力が適応される〕項は、様態や性質において変化を見せる。直接的内的覚知がはっきりし、確かめられる。構成的な二項目は互いに発展し、動かす複数の項との対立そのものによって、個性あるいは主体の統一性はより明らかになる。

この分節点が増え、内的直接的覚知が明るみに出され判明になるにつれて、個体性ないし努力の恒常的主体の統一が、動く項目の多数性および多様性との対立のおかげで明らかになる(36)。

このテキストは、表向きは、漠然とした内的空間として感じられていた固有身体が次第に明瞭になっていくさまを描いているが、その実、記号の制定と本質的に同じ事態が語られていると言っていいだろう。すなわち、主体は自らの身体運動に細かさを求めれば求めるほど、個体としての意識が強まる。しかしここでは覚知はまだ内的に感じられているだけである。

記号の制定によって〈私〉は〈私〉へと立ち戻らされる。言い換えると、〈私〉は原初的二元性に立ち戻らされている。そこでは〈私〉の意志の影響力が、検証される。しかも記号の制定の場合には、意志は単に内的に感じられるものとしてだけではなく、記号に対して反応する他人との関係、つまり自己自身を越え出た世界の中で検証されるのである。前の章で、感覚的体系の人は音が聞こえている状態にあり、知覚的体系の人は音を注意して聞いていると述べた。この例に倣えば、反省的体系の人は、音楽を奏でる人であると言うことができるだろう。音楽を奏でる人は、自らの奏でる音を聴く。自らが望む音を出すために、自らの演奏運動を修正する。例えばピアノの運指練習のハノン教本がわかりやすい。これはユニゾンで同じメロディーを繰り返す練習であるが、左右の手それぞれの指の奏でる音の強さ長さ音色をすべて均一にしなければならない。音が溶け合っているように聞こえるほどの完璧なユニゾンを作るのは非常に難しく、毎日ピアニストは自らの奏でる音を聞きながら、指の動かし方の微細な違いを識別し、調整してゆく。つまり、自分の身体の動かし方を細かく細分化していく。逆に言えば、自らの身体の動かし方を細かく把握すればするほど、より繊細で表情豊かな音楽表現ができるようになっていくのである。「彼の動的意志が内側からその質料と同時に形相をも引き出した一連の知覚を、自らに与えることができる。自らを爪弾く生きたハープである[37]」。

さて、ここまで見てきた覚知と反省の関係、あるいは二重化する反省と二重化された反省との関係をまとめると、次のようになる。二重化された反省はわれわれに原初的二元性について知らしめる。二重化する反省すなわち覚知と同じ地位としての反省を暴くものである。二重化された反省が発展すればするほど、二重化する反省は深められる。

ところで、記号の起源は覚知にある。すでに挙げた引用によると、記号がなければ反省がないのと同様に、覚知がなければ記号はないのであった[38]。覚知がなければ記号がない理由はもはや明らかであろう。覚知において感じられる原因とその結果のうち、原因から剥離した結果が記号になるからである。声の例で言えば、主体の意識が発声しようとする意志よりも声という結果に向けられるとき、（起源的には）同時的に感じられていた原因と結果のあいだに識別がなされる。そのようにして結果が記号として現れ始める。もちろんそれは制定され続けることによって、つまり結果に対して自分を修正し続けることで、確かなものとなる。

したがって記号とは、覚知において知られる、自我ないし主体の意志が自由に動かすことができる可変的項目のことである。記号が自由に動かせるものだからこそ、主体はそれを駆使して望ましい結果を求めることができるし、また良き結果を求めて自分自身を修正させてゆくことができる。

以上のことを踏まえて、人格性の起源としての覚知の果たす役割について考えてみよう。因果律を知るには意志的運動を一度するだけで十分であるとビランは述べた。それは、意志的運動において原初的二元性が把握されるからに他ならない。これはまさに反省としての機能である。明らかに、意志的運動は、一種の反省である。では、反省としての意志的運動とは、何を意味するのか。

意志的運動によって、われわれは反省する。意志的運動が反省になるとき、われわれはそこに最も内奥で、最も起源的な反省を見て取ることができるだろう。先ほど、記号とは自我が自由に動かせるものであることを見た。唯一の意志と可変的に動かせる結果との起源的なモデルは、意志的運動にある。意志に従って因果関係を築くものが記号になりうるのなら、身体もまた、記号になれるのでなければならない。意志的運動においては、固有身体が記号の役割を果たしていると考えることができる。例えば自分の腕を動かすことを考えてみよう。腕の運動を記号と考えるなら、この唯一の現象をめぐって、腕を動かそうとして動かす覚知と、腕の動いている感覚から動かしている自分の意志を感じる媒介的覚知の二つが、存在していることがわかる。最も良い動きを求めて、動かし方を修正するとき、意志的運動は二重化された反省としての構造を余りなく満たす。

それだけではない。反省としての意志的運動は、身体の生理的事実に基づいて自我を考えたビラニスム哲学にとって、最も内奥にある、起源的な反省であるべきである。ビラニスム哲学は、有機的生命という一層目の上に重なる二層目として意識的生命を考えるのであった。したがって起源的反省としての意志的運動は、自分が自分であることを知らせるだけではなく、自分自身の有機的生命としての同一性を、運動する主体に対して暴くものでもある。この身体を動かす〈私〉と動かされている身体としての〈私〉が同一であることによって、意識において自分が自分であることが知られるということは、意識的生命における自己意識が、有機的レベルでの身体の自己同一性とともに知られること、さらに言えば、意識的生命における自己同一性と身体における自己同一性が、同じものとして発見されることである。したがって意志的運動は、自分が身体として生きていることを、その身体そのものを舞台にして知らせるものである点で、根源的であるのである。その身体は生きている気、生気に直結しているのであるから、意志的運動における覚知は、身体を介することで自分が生きているという、いわば生命に触れているような感情をもたらす。
ここに、意志的運動における生き生きとした感覚の由来が見出せよう。これこそビラン哲学の大いなる個性、魅力の一つである。

さて、ここまで、ビラン哲学に沿って、反省としての意志的運動の構造、すなわちどのようにそれが生じるかを見てきた。しかしビランの覚知は、瞬間として描かれる傾向にあるように思われる。確かに自分自身に立ち戻らされるというのは瞬間的であるだろう。意志的運動における自分が生きているという感覚も、きわめて瞬間的なものである。しかし、その瞬間は、その前後にある動きの流れからあるとき浮かび上がるものである。したがって覚知の瞬間が、他の瞬間と、あるいは瞬間として切り取ることのできない連続性とどのような関係にあるのかを考えなければならない。瞬間を超える要素も視野に入れることで、覚知の瞬間性を考えなければならない。続く第Ⅱ部では、瞬間と連続性の関係の中で、意志的運動を位置付けてゆくことにしよう。

第II部

創造としての運動

第6章　能動と受動のあわい——ビランとラヴェッソンの習慣論

第I部では、ビラニスム期の哲学を分析することで、運動する主体は、意志的運動において、自己自身を知ること、個体としての意識が深まることを見た。第II部では、ビランが考えるような意志的運動を、文脈の中で考えたい。すなわち、意志的運動という瞬間が生じる背景にある連続性について考察し、その上で意志的運動とその連続性がどのような関係にあるのかを問うていきたい。

そのために本章は、ビラニスムの限界を示すことから始めよう。それは、能動と受動の二分法では処理しきれない、そのあわいにある自然発生性を俎上に載せるためである。

6-1　ビラニスムの限界

ビラニスムの思想を、能動性と受動性という観点から整理しよう。受動性とは、〈私〉の能動性を覆いに来る印象が持つ性質であった。その意味では、特定の外的事物に原因を帰することのできない情感も、外的事物に拠る感覚や知覚も、受動的要素を含む。受動的経験とは、〈私〉ではない何かに原因のある所与を被ること、と定義することができる。

それに対して能動性とは、ビランにおいては、〈私〉の意志そのものである。能動性があるとわかるところには、抵抗がある。抵抗には、外的事物による絶対的な抵抗と、固有身体による有機的抵抗があるが、そのうち第一義的なのは有機的抵抗である。なぜなら意志が現れるには、有機的抵抗に出会うだけで十分であり、また外的事物に出会うためにはすでに、身体運動を意のままに繰り出すことができる必要があるからである。有機的抵抗が、意志が最初に適応される項である。

ところでこの有機的抵抗は、能動性なのだろうか。受動性なのだろうか。それは意志を現れさせるのに必要不可欠であるが、しかしそれ自身は能動性ではない。能動性を現れさせる当て馬のような存在である。意志＝自我が出会う、初めての「自分ではないもの」が有機的抵抗である。自分ではないという点で、有機的抵抗は能動性ではない。

しかしかと言って、有機的抵抗は、意志とともに働くこともできる。なぜなら先に見たように、主体は有機的抵抗を飼いならして、固有身体を操り、自由な意志的運動を行うことができることもできるからである。飼いならされることができるという点において、有機的抵抗は受動的経験と一線を画している。それに有機的抵抗が能動性そのものではないとしても、それを飼いならすことで行う意志的運動の感覚は、あくまでそれを行う主体に属しているものとして感じられる。意志的運動において原因としての意志と結果としての有機的抵抗が知られるとき、有機的抵抗は、意志そのものとは区別されるが、限りなく〈私〉に近いものとして、いやむしろ〈私〉に属するものとして、知られる。そうでなければ因果関係の瞬間的な把握は不可能である。

また別の視点から見れば、固有身体は、主体が受動的経験を受け取るために必要な存在であることも忘れてはならない。感覚や知覚における受動的要素を被るには、身体による局所化が必要であった。また一般的情感であっても、身体全体で受け止められることがそれを被る条件であった。一般的情感を純粋に生きる者にとって、個体としての意識はないとはいえ、それを感じているということは自分自身の身体があることに由来する。

したがって固有身体は、能動性である意志に対しては有機的抵抗として立ちはだかり、能動性を現れさせ、ときによっては能動性に飼いならされるものであると同時に、また受動的要素に対してはそれを受け取る受け皿として機能し、受動的経験を現れさせるものである。それゆえ、たとえビラン自身が明確に述べていないにせよ、固有身体とは、能動性にも受動性にも帰することができない中間領域であると考えられる。

この中間領域としての固有身体が、実は能動と受動の二分法に影を落とし、やがてビラニスムの全体に疑問を投げかける。順に見て行こう。

先の章で見たように、ビランは、コンディヤックから生成的発展という図式を受け継いだ。そしてそれは、能動と受動の比率の推移として捉え直すことができる。すなわち情感的体系は、原因が全く自我にない経験であり、ビラン自身も言うように、「受動的機能の階層まるごと」[1]である。しかし、そこには隠れた能動的要素が含まれており、それが感覚における「受動的証人」[2]や、知覚における注意を経て、反省における因果関係の把握による能動性の領域の画定、すなわち原因も結果も自分であるところの能動的経験において姿を現すのであった。したがって情感から反省へとは、受動的要素が薄まるにつれて、能動的要素が濃くなる過程、それまで隠されていた覚知が立ち現れる過程だと言うことができる。純粋に受動的ないし能動的な経験が、もしあるとすれば、それは意識の外にある経験であるだろう。意識の領域においては、覚知とそれを覆う受動的経験との比率が、それぞれの体系あるいは段階における自他の様態を決定する。

ではその体系間の推移は、いかにして行われるのか。それは、習慣による。ここまで見てきたことの中でも、随所に習慣の影響は論じられていた。例えば、情感的経験から直観が現れるとき、それは残像や残響といった反復的経験すなわち習慣によって浮かび上がるものであった[3]。また個体的意識の到達点としての直接的覚知に至る過程も、自然発生的運動に「不意に気付く」[4]ことで達成される、と描かれていた。ビランにおいて、このような習慣による自然発生的な形成作用は、すべて身体器官の自律性にゆだねられている。すなわち、意志が関与せずとも、器官が勝手に残像や残響を再生産し、あるいは本能的運動の反復から自然発生的運動を形成する、とされている。しかし、能動にも受動にも帰されない中間領域である固有身体で生じる習慣という働きによって、受動から能動への移ろいが語られるとは、まさにその受動と能動の二分法を根本から覆すことではないだろうか。

この問いについて考察するために、最初の能動性が受動的経験の中から立ち現れる過程を、以下で見ることにする。

『思惟の分解についての論文』の中に、「当初は本能的である運動がいかにして意志的になりうるのか」[5]というタイトルの小さいセクションがある。

本能的な運動はいかにして意志的になるのか。その問いに答える前に、ビランはまず当時の生理学的仮説を批判しながら、次の二点を確認する。まず、意志と本能とは、われわれが日常生活でも知っているように、時折対峙するものである。外は天気がいいので散歩したいと思っても、やらなければならない仕事があるときは、葛藤が生じる。前者が本能的欲求で、後者が意志的統率である。ビランは、対峙するものであるなら、二つの系統は一つの要素から発展したと考えることはできず[6]、二つの異なる系を考えるべきであるだろう、そして、運動そのものを対象化することを避けるために、その二つの系統を客観化してはならないだろう、と考えた。それゆえビランは、二つの系統とは、超有機的な秩序すなわち意志の力と、有機的な秩序すなわち身体器官の力であると考える。働かなければならないと考える超有機的な秩序と、外を歩いたときの気持ちよさを求める有機的秩序である。二つの秩序は、それぞれ意志的な運動と本能的な運動につらなって考えられる。

ならば、意志的運動の発生を説くには、いかにして有機的秩序に従った生命を送っているところに、超有機的な秩序が働き始めるか、を解明しなければならないであろう。二つが働き合うときが、意志的運動が生じる瞬間である。

ビランは、本能的な運動と意志的運動のあいだに、自然発生的運動を考えた。ではまず本能的な運動が自然発生的な運動へと変わる過程についてビランの記述を確認しよう。

本能から出発して、情感が弱まり、筋肉抵抗が増加したとき、直接的な動性の中枢は、その自らのエネルギーによって、したがってその中枢がすでに身に付けている諸決定と、中枢と動的器官のあいだにすでに立てられた関係によって、自然発生的に行動に移る。ここから、筋肉感覚が生じる（……）しかしここまででは、まだ決定された意志もなければ努力もない[7]。

すなわち、ある運動が繰り返されると、たとえその始まりが本能的な運動であったとしても、やがて運動をすることの決定や、それを行うために必要な器官の連携そのものが身体にすり込まれるようになる。その結果、運動を外部から誘発した要因がなくても自然発生的に運動は繰り返されるようになる。情感が弱まって、有機的抵抗が感じられるようになることで、筋肉感覚が生じる。すなわち、〈私〉が動かそうと思っている意識はまだないが、体が動いているという感覚はある状態である。しかし、この段階では、まだ意志が体を動かしているのではない。

筋肉感覚が中枢に伝達されると、動的な力はそれに気付き、その決定を保存する（……）力はその有機的中枢に働きかけ始める。ここから最初の感じられた努力が生じる。(8)

自然発生的な運動に伴う筋肉感覚は、いわば原因なき結果である。そこに意志が「気付く」ことで、意志は空席であった原因の座を占める。そうして、原因としての意志と結果としての運動の感覚が生じる。

これは、明らかに、到達点としての直接的覚知について先に確認したことの、一つのヴァリアントであって、それ以上ではない。意志が、すでに生じている自然発生的に「不意に気付く」とは、説明として十分ではない。そもそも気付くというとき、その意志は気付く前にも存在していたのか、それとも気付くことによって存在するようになったのか。ビランにおける意志と抵抗の関係を考えれば、後者であろう。しかし気付くようになって存在するとはどのように可能であるのか。そもそも自然発生的な運動は、なぜ形成されるのか。形成された自然発生的運動と、それに気付く意志はどのような関係にあるのか。ビランのテキストはこれらの問いに答えを与えることなく、あまりにあっさりと意志的運動の発生を認定してしまっている。

自然発生的運動は、能動的ではなく、したがって意志的運動ではない。他方で、情感から直観的要素が生じるときに述べられたように、受動的なものは記憶に残らないのだから、少なくとも身体の記憶に残る自然発生的運動は受動的経験でもない。自然発生性もまた、中間領域としての固有身体の自律的な働きに帰されるものであり、それは能動と受動のあわいにしか、位置付けられない。そのような自然発生的運動が、受動から能動が芽生えるところに必ず描かれているのだから、ビランの能動と受動の体系は、何かまだ大切なピースを欠いているのである。

6-2 ビランにおける能動性概念の変遷

ところで、ビランの能動性概念および習慣について検討するとき、ビラニスム以前の著作である『習慣の思惟機能に対する影響』(以下『習慣論』)を看過することはできないだろう。この論考は学士院、人文・政治学部門が発表した課題に対して書かれた。一八〇一年のコンクールで佳作となり、翌年一八〇二年に、持ち越された同じ題に対して書き直した論文が受賞論文となった。同年十二月に出版されている。この中でビランは、習慣において「能動的経験は記憶に残り、受動的経験は記憶に残らない」という法則を報告している。(9) ビラニスム期においても、この法則は原則として妥当であると考えられていた。しかし、能動性という概念の内実が、『習慣論』におけるそれとビラニスムにおけるそれでは、明らかに異なるのも事実である。後の論考の布石として、まずこの法則および能動性概念の変遷を確認することにしよう。

『習慣論』においてビランは、印象を二種類に分類した。受動的な感覚と能動的な知覚である。知覚はなぜ能動的か、それは運動を含んでいるからである。次の引用に見られるように、この時期のビランにとって、能動性とは運動である。

能動性とは（……）直接的に運動の機能に関連付けられるものであり、それは感じる機能から識別されなければならない[10]。

その上でビランは、次のことを指摘する。目を動かし凝らすこと、手を動かし触れること、耳をすますこと、などの知覚には、大なり小なりの運動が含まれている。能動的知覚はその運動性によって、ただ単に与えられる印象を受け取るだけの受動的感覚から、区別される。さらにビランはそのような能動的印象と、そうではない受動的印象には、それぞれ反復において変化する過程で、ある法則が認められるという。

だんだん弱まっていきながら反復される諸印象の中で、あるものはよりいっそう曇っていって完全に消滅してしまうが、あるものは、どんどん中立になってゆき、その明度を保つだけでなく、しばしばさらなる識別を獲得する。万人が異議をとなえないこの事実のみが、おそらく、変化して消滅してゆく感覚と、明瞭になってゆく知覚の性格における本質的違いを暴く要であろう(11)。

すなわち、反復のうちで受動的経験は薄れてゆくが、能動的経験は記憶に残って、さらに明瞭になる。その意味するところは、『習慣論』の段階においては、反復のうちで感覚が弱まり、知覚が判明になる、ということである。例えば匂いにしても色にしても、初めてそれを経験したときはその新鮮さゆえに驚くが、何度も経験するにつれて微妙な違いが識別できるようになる。どれほど美味しい料理でも、二回目に食べたときは、初めて食べたときほどの感動を持ってそれが美味しいと感じられないことがある。あるいは、初めて食べたときには見つけることのできなかった隠し味を、二回目以降に見つけることもあるだろう。いずれも一回目はその経験の新しさに驚き感動するが、二回目は味を、多少なりとも冷静に吟味することができるからである。したがってビランは、反復において感覚が弱まり、知覚が判明になると考えたのである。

しかしこの能動と受動の区分は、すぐに暗礁に乗り上げる。能動と受動をこのように区別することには、『習慣論』の時点ですでに、主に二つの問題を孕んでいる。

一つは、受動的経験すなわち感覚についてである。ビランは、感覚がいかに弱まっていくかを論じるため、その生じ方について、次のように説明する。まず諸器官は生命原理によって、内的な刺激と外的な刺激が均衡するところの「自然的調子」[12]を保っている。しかし当然、生きていれば、変化は生じる。内的か外的かいずれの刺激が強すぎるとき、均衡がやぶられる。そのとき浮き出るものが感覚である。感覚は、刺激の大きさに比例しており、均衡が完全に取り戻されるまで続く。均衡が取り戻されるとは、刺激に慣れて感じられなくなるということである。ここまでは、受動的経験の忘却という原理に基づいており、理解できる。しかしビランが、もう一歩踏み込んだ説明を行ったとき、破綻が生じる。どうして刺激は反復されるにつれて感じられなくなるのか。この問いに、ビランはこう答える。

> 感性的原理（本質的に動く力としてこれを理解しなければならない）は、つねにこの均衡（自然的調子）を回復させることを目指している[13]

からだ、と。ビランが言いたいのは、自然的調子というわば魂の平穏の状態がつねに理想として掲げられており、感性的原理は、そこへの回帰を目指している、それゆえに、感覚は、当初大きかった刺激による振れ幅を縮めようとする傾向を持ち、その結果感じられなくなる、ということである。けれどもその感性的原理が、本質的に動く力であるとはどういうことか。受動的経験は、弱まり、忘却されるのではなかったのか。感覚は受動的であるという当初の定義とは裏腹に、ここでは平衡状態の回復という積極的で能動的な機能が、感覚に認められている。それは、感覚経験が未来へと影響を及ぼすことに他ならない。この点について、ビラン自身は、運動的能動性から区別されるべき「感性的能動性」[14]という概念を持ち出しているが、この概念は存在が指摘されるだけで、詳しく論じられない。これが、ビランの『習慣論』の第一の問題点である。

第二の問題点は、知覚の方に生じる。この時期のビランによれば、努力とはまず自らの身体器官に、次いでその器官が働きかける外的対象へと適応されるものである。その上でビランは、知覚の判明化についてこう述べる。

やがて、個体は、自ら自身の力を感じなくなり、それをまるごと対象へ、あるいは抵抗する項へ移し替える。対象に慣性、固さ、重さといった絶対的性質を与える[15]。

最初は身体器官について意識的であったとしても、同じ運動を反復するうちに身体器官に対する働きは無意識的になり、その分だけ外的対象への集中が高まる。したがって、その身体器官への働きが無意識的になることによって、知覚は判明になる、ということである。けれども能動性とは、動く能力と同じではなかったのか。しかしもしそうだとすると、能動的に動かしているにも拘らず、身体については無意識になるということになってしまう。能動的経験が無意識になってしまう。もちろんこれは、能動的経験は記憶に残って明瞭になるという原理に反する。これが第二の問題である。

この第二の問題に関しては、ビラニスム期のビランは克服したように思われる。ビラニスムにおいてビランは能動性とは運動そのものではなく、抵抗に対して働く意志であると定義したのであった。そうすることで、抵抗に働きかけているあいだ能動性は消えない。運動が習慣化されて抵抗が感じられなくなったときは、能動性も薄れているときである。そういう意味で、能動的経験であるにも拘らず無意識的になるという事態は避けることができる。『習慣論』の時期のビランにとっての「暗礁」は、かくしてビラニスム期には一応の解決を見たのである。

もう一つの感性的能動性の問題は、どうか。それはビランには、置き去りにされたと言うことができるだろう。感性的経験が実は主体の未来に影響を与えるということ。この現象を拾い上げ分析するのは若きフェリックス・ラヴェッソン Félix Ravaisson（1813-1900）である。

6-3　ラヴェッソンの『習慣論』

本当に、受動的経験は記憶に残らないのであろうか。ビランの『習慣論』からおよそ四〇年後に再び習慣の問題を取り上げ、この問いを投げかけたのがフェリックス・ラヴェッソンである。

ラヴェッソンが習慣についての論文を提出したのは、一八三八年のことであった。ビランは一八二四年に亡くなっているが、それまでに活字になった彼の著作は、一八〇二年の終わりに出版された懸賞論文『習慣論』といくつかの小論と覚え書き程度であった。死後に公刊されたのは、一八三四年のヴィクトール・クザンVictor Cousin（1792-1867）編集による『人間の身体と精神の諸関係についての新たな考察』（一八二〇）、そして一八四一年の同じくクザン編集の初の著作集『メーヌ・ド・ビラン哲学著作集』全四巻である。グイエも指摘するように、クザンが、ビランの死後一七年目にして、ビランを十九世紀のフランスの哲学者として周知させたことに変わりはない。が、当時のクザンは教育行政改革にあまりに多忙であったため、「編者としての仕事を簡略なものにした」[16]。したがってラヴェッソンの『習慣論』執筆当時は、ビラニスムの主だった著作を、その書かれた姿のままに読み、その真意を理解することは、ほとんど不可能であったと言える。

様々な見解があるものの、おそらくラヴェッソンはビランの主要著作の中では『習慣論』しか読まず、自らの論文を執筆したと言える。ビランに端を発した習慣の問題を追究するために、この節ではラヴェッソン『習慣論』を読む。

ラヴェッソンはまず、習慣の定義から始める。

習慣とは、最も広い意味においては、一般的かつ恒常的な存在の仕方、すなわちその諸要素の全体にわたってあるいはその諸時期の継起を通じて考えられる一存在者の状態l'état d'une existenceである。[17]

すでにこの定義からして、われわれが日常的に「散歩を習慣にしている」などと言うときの、意識的に繰り返している行為以上のことが「習慣」という言葉で示されていることは確かである。ラヴェッソンが問題としている習慣とは、一般的な存在l'êtreの状態ではなく、一存在者une existenceの状態である。それはつねに具体的な存在が生きていることにおいて考えられる。また状態ということは、いちいちの動作や意志的に行うことではなく、もっと基礎的な存在のあり方そのものが問題となっている。

続けてラヴェッソンは、習慣とは今まで獲得された変化の集積であること、けれどもより大きな視点から見れば、それはいちいちの変化を越えて存在し、次の変化を呼び込むものであることを指摘する。例えば歯を磨くときに左上の歯から磨くことが習慣的になっているとしよう。その場合、何も考えなければ、歯を磨こうとするたびいつも手は自然と左上の歯から磨き始めるだろう。しかしこれを意志の力によって変えることも可能である。今日からは、右上の歯から始めようとすれば、それはそれで可能である。しかしここで、意志の力によって引き起こされた変化が習慣を変えてしまったとか、意志の力は習慣より強いなどと考えるのは誤りである。というのも右上の歯から磨き始めようと意志することはできるが、それを繰り返すにつれて、右上の歯から磨き始めるという新たな習慣が生まれるからである。つまり、もとからあった習慣を破ろうとして起こした意志的な変化も、結局は新たな習慣を引き起こし、それに呑み込まれていくしかないのである。それゆえ習慣とは、それを形成した変化を越えて、またこれから来る可能的変化をも呑み込みながら、存続しているものである。

以上のことを踏まえて、ラヴェッソンは習慣を次のように改めて定義する。

それは単なる状態ではなく、素質disposition、力vertuである。(18)

dispositionとは素質や傾向と訳されるが、フランス語の言葉としては、別の意味もある。例えば商用メールの末尾によく書かれる「私はあなたのdispositionにあります（Je reste à votre disposition）」とは、文字通り受け取れば、必要とあらばいつでも私はあなたのことを助けることができますという意味である。この必要とあらばいつでも自由に使える、という意味が、ラヴェッソンの習慣の定義にも通奏低音として流れている。つまり習慣とは、蓄積された変化がある一定の秩序のもとで整えられて出来た力のことであり、また同じ秩序のもとでいつでも召還可能な力、もっと言えばそれを可能にする機構そのものである、ということになる。

さて、ラヴェッソンは、意識を持つ人間において、この習慣の能力がよりよく開花されるという。なぜなら単なる生命体である植物や動物とは違って、人間は意志的に運動を行うからである。能動と受動に関する定義が出て来るのは、この運動との関連においてであるので、能動と受動の対立を中心に、順に見ていこう。ラヴェッソンはまず、努力についての定義から始める。

運動は、力が抵抗に対して超過した結果である。力と抵抗との関係およびその程度は、努力の意識において知られる。

（……）努力の意識において、人格性が、意志的能動性という卓越した形態のもとに、必然的にそれ自身に対して現れる。(19)

まずラヴェッソンにとって努力とは、運動における主体の側の力とそれに抵抗する力との関係に由来するものであり、力が抵抗よりどの程度強いか弱いかを知らせるものである。たとえ非常に簡単な運動であっても、運動は、力が抵抗に勝ることによって生じるものであると規定されているのだから、そこにはたとえ微弱でも必ず抵抗があり、それに勝っている気持ちが生じる。これが努力である。もちろん抵抗が大きい場合は、それはより顕著に感じられることだろう。とにかくこの努力の意識において、人格性が知られるとラヴェッソンは考える。「意志的能動性という形態のもとに」知られるということは、力が抵抗を克服しようとする、大なり小なりの努力の意識が、人格性を知らせる。運動における力と抵抗の対立が、〈私〉が〈私〉を知る契機であると考えられる。その努力について、さらにラヴェッソンは説明を加える。

努力は二つの要素を含んでいる。すなわち能動と受動である。受動とは、その直接的原因が、受動が現れ来たる存在以外の何ものかのうちにある存在方法である。能動とは、能動が現れ来たる存在それこそが、能動の直接的原因であるところの存在方法である。したがって受動と能動は互いに反対である。この反対のものの集合が存在のあらゆる可能的形態を含む(20)。

つまり、受動とは原因が自分にない経験のことであり、能動とは原因が自分である経験である。すでに見た力と抵抗の関係と照らし合わせて、ここではひとまず力が能動であり、抵抗が受動であると考えてよいだろう。したがって能動と受動が、力と抵抗が存在すること、それも違いに規定しながら存在することが、存在のあらゆる可能的形態を含むのである。言い換えると、抵抗と力の拮抗、努力の意識は、あらゆる存在の仕方に関わっている。まるでビラン哲学のように、人間は、存在している限り、多かれ少なかれ努力しているということになる。

能動に、判明な知覚は密接に関わっている。受動は意識において不明瞭な感覚でしかない。したがって意識の延長すべてにおいては、知覚と感覚は、それらが現す能動と受動のように、反比例の関係にある(21)。

ラヴェッソンにとっても、能動が知覚を判明にし、受動は不明瞭な感覚として現れる。能動が知覚に、受動が感覚に結び付けられ、それぞれの反復における変化を規定すると考える点では、『習慣論』の際のビランの立場と同じである。ただそれが運動の努力の意識の中で現れるとする点が、『習慣論』のビランと異なっているだけである。

ここで、疑問を一つ予告しておこう。これらの一連の引用において言及されてきた抵抗とは、固有身体であるのか外的事物であるのか。トラシやエンゲルから完全にビランを分け、ビラニスムの本質を成したこの点については、この段階では不明である。むしろ抵抗に出会うことによって能動性が能動性自身に送り返され、自らを知るという構図があるのなら、抵抗は、場合によって、固有身体にもなりうるし、外的事物にもなりうる、と考えられるだろう。ラヴェッソンは固有身体と外的事物を区別しているのだろうかという問いが、ビランを読んできたわれわれには浮かぶ。しかしこの問いは後に考察するとして、今はまずラヴェッソンの記述を追うことにしよう。

さて、ラヴェッソンとビランの共通点は続く。能動と知覚を結び付け、受動と曖昧な感覚を結び付けるだけではない。ラヴェッソンは、習慣においても、能動性は知覚を判明にし、受動性は曖昧な感覚と結び付くと考える(22)。ビランと共に確認した、くだんの、反復によって能動的経験は記憶に残って判明になり、受動的経験は記憶に残らず薄れる、という法則が、ラヴェッソンにおいても、再び見出される。

ところが、このことを確認したのち、ラヴェッソンはビランから大きく離れる。

しかし、この二つの対立する力の対立する話において、一つの共通線がある。そしてその線が、残りのすべてを説明する。

感覚が苦痛でないときはいつでも、長引き、反復されるにつれ、したがって、消え去るにつれ、感覚はさらなる欲求*besoin*になる。（……）

他方で、運動において努力が消えて、行動actionがより一層自由で的確になるにつれ、行動はさらなる傾向*tendance*、性向*penchant*になる。それはもはや意志の命令を待たず、それを予見し、ときには完全に無視し、意志にも意識にも立ち戻らない[23]。

ここでは、先に見た原則とは反対に、反復において感覚は欲求を形成し、行動は傾向、性向になることが述べられている。どういうことか。例えば、いい匂いの薔薇を何度も嗅いでいるうちに、その匂いに慣れて鈍感になると同時に、より強い匂いを求めるようになるだろう。これが感覚の欲求化である。もちろんこれが嫌な匂いならばそのような欲求は生じないので、「感覚が苦痛でないとき」に生じる、という条件が付けられる。ここに、ビランが指摘するだけにとどまっていた、感性的能動性の発展を見出すことができるだろう。他方で、何度もたばこを吸っていると、だんだん味がわからなくなってくるが、もはや味のために吸うのではなく、吸うという行為のために吸うという無意識的な身体運動となった習慣が生じることも、経験が教えてくれる。これがラヴェッソンの言う行動が形成する傾向、性向である。

すなわち感覚においては、受動的経験の宿命として感覚内容そのものは薄れるが、それでも別の欲求を植え付ける。運動においては、それが的確になっていくにつれて、身体に無意識的な運動が形成される。ここで述べられているのは、まさにわれわれの探していた自然発生的運動の生成過程である。いずれもビランの『習慣論』以来の原則に反することであるが、経験に照らし合わせれば、事実であると認めざるをえない。ラヴェッソンは、そこを開示しようとしているのである。

ラヴェッソンは、この「共通線」を「曖昧な能動性[24]」、「秘密の能動性[25]」、「反省されない自然発生性[26]」、能動と受動のどちらにも由来する「盲目の傾向[27]」などと呼ぶが、そのいずれもが習慣形成の本性を描こうとするときに現れる。加えて、

習慣の法則は、この受動的かつ能動的な自然発生性の発展によってしか説明されない。それはまた同時に、機械的宿命からも、反省的自由からも異なるものである。[28]

と的確に指摘されている通り、このような自然発生性の形成は、自動的に形成される宿命でもなければ、完全に意のままになるものでもない。宿命ではないというのは、傾向を形作するにあたっても主体の能動性が関わっているからである。自由でないというのは、欲求を形成するにしても受動的経験がそこに絡んでいるからである。つまり能動性と受動性は、判然と二分できないからである。ラヴェッソンは能

動と受動という二分を用いるだけでなく、その二つが絡み合うことで存在する「曖昧な能動性」を措定した。「曖昧な能動性」は単に能動と受動に加わった三つ目の要素ではない。能動的部分と受動的部分が複雑に絡み合うことで生じる、あわいの領域である。習慣形成の要諦をこの「曖昧な能動性」に帰しているところに、ラヴェッソン『習慣論』の独創性がある。

ところで、「曖昧な能動性」によって形成される習慣は、意識に表立って現れるものではない。無意識的な傾向である。しかしだからといってその傾向が発生している主体そのものの意識が消滅するのでもない。主体の意識が習慣形成に呑み込まれるということはない。習慣の力について、ラヴェッソンはこう述べる。

同一の力が、一方では人格性における高次の統一を何も失うことないままに、分割されることなく多様化し、（……）時間のうちに変様し、空間のうちに四散する(29)

人格性における高次の統一とは、意識と考えて差し支えないだろう。つまり習慣の機構の中にいるからといって、われわれが意識を微塵も失うわけではない。習慣は、私の存在を否定し消去するものではなく、主体の行動のすみずみまで行き渡って馴染むものである。分割されることなく多様化する習慣の力は、実体として考えられることを拒む。私の存在を包み込むというよりも、その身体すみずみにまで流れ込んで、存在そのものを形成するのが習慣である。努力の意識の中に認められた能動と受動は、意識的存在のすべての形態を含むばかりでなく、その無意識的な部分も含めて、存在のあり方を作り上げているのである。

さらにラヴェッソンは、習慣の起源にまで踏み込む。ここからラヴェッソンによる習慣の存在論的解釈が始まる。

意識の最も明瞭な領域から次第に下降してゆくにつれて、習慣は意識の光を携えて自然の奥底へ、暗夜へと下ってゆく。習慣は、獲得された自然、第二の自然であって、これは第一の自然の中に究極の根拠を有し、しかもただこれのみが第一の自然を悟性に対して解き明かすのである。つまり習慣は生まれた自然nature naturéeである。生む自然nature naturanteの継続的な産物であり、啓示である。(30)

「習慣は、第二の自然である」とは、今や広く人口に膾炙した表現であるが、もとはアリストテレス『ニコマコス倫理学』に見られる表現である。ラヴェッソンもこの言葉を『習慣論』冒頭に引用している。もちろんその意味は、習慣は自然法則と同じように、深くわれわれの存在に根ざしたものであることを示している。習慣はわれわれの意識的および無意識的生命を覆い尽くすものであり、したがってわれわれは習慣の影響から逃れることはできない。加えてラヴェッソンは、この習慣は、第一の自然にその根拠を持ち、われわれはそれを通してのみが第一の自然を理解することができると述べる。習慣によって、「第一の自然」を理解できるとはどういう意味だろうか。また「第一の自然」とは、何ものだろうか。

引用の後半部分では、習慣と「第一の自然」の関係は「生まれた自然nature naturée」と「生む自然nature naturante」との関係として言い換えられている。この二つの概念は、伝統的にはそれぞれ所産的自然および能産的自然と訳される言葉であり、スコラ神学の文脈では、神によって作られたあらゆるもの（nature naturée）とそれを作る神（nature naturante）を意味する。またフランシス・ベーコンの文脈では、「生む自然」はもはや神ではなく、われわれの感官に現れる形式を意味する。この形式によって、知覚できるものが現れるとされる(31)。この時点では、ラヴェッソンがどのような意味を込めてこの二つの概念を用いているのか、定かではない。そこで、当面のあいだは、ひとまず第一の自然を単に生む作用として、習慣をその結果生まれたものとして解釈することにしよう。生む作用そのものは、「暗夜」という表現からもわかるように、直接的には理解できないものである。しかし生まれた自然であるところの習慣は、すでに見たように、どこまでも主体の意識をなくさないものであった。それゆえわれわれの悟性は、現れている習慣を通して、その根拠である生む自然すなわち自然の形成作用そのものを理解することができるとラヴェッソンは考えている。その意味で、ラヴェッソンは、別の箇所で、習慣とは

「意志と自然の中間項(32)」であるとも言うし、また「習慣と本能、あるいは習慣と自然とのあいだの差異は、程度の差でしかない。さらにこの差は無限にまで減らすことができる(33)」とも言うのである。
では、生む自然、第一の自然、習慣の根源とは何か。次の箇所で、ラヴェッソンはそれを高次の生命la vie supérieureという概念に求めている。

魂が自己意識に到達すると、魂はもはや有機的組織の形相、目的ないしは原理であるだけにとどまらない。魂自身の中に、身体／物体の生vie du corpsから次第に分離してゆく一つの世界が開かれ、魂はそこに独自の生命、固有の運命、自らの実現すべき目的を持つのである。生命と自然との不断の発展は、自らの完成、自らの善として、まさにこの高次の生命へと、到達できないながらもあこがれているようである。高次の生命とは、自らの善を自らのうちに持つものである(34)。

魂が自己意識に到達したとき、すなわち魂が他の実用的な目的、文脈から離れたところに置かれ、魂自身を意識するようになったときに開かれるのが、もはや物質的ではない別の世界、「高次の生命」であるとラヴェッソンは考える。「高次の生命」とは、ラヴェッソンによれば、それ自身が善で、それ自身が求めるものであり、求められるものである生命である。通常、求めるものと求められるものは別であり、だからこそ求めるという行為が可能であるのだが、「高次の生命」においては、自己目的化した善の希求という運動そのものが高次の生命であると言えるだろう。
その「高次の生命」が生命および自然の発展の目的である、とラヴェッソンは述べる。ここでラヴェッソンが試みようとしていることは、本能や習慣などの活動を導く指針を、人間の魂の活動のうちに見出すことである。しかしそれは具体的に何であって、どのように他のものを基礎付けるのか。ラヴェッソンは続ける。

快と不快は、その理由を善と悪のうちに持っている。快と不快は、善悪の感性的記号である。したがってここでは、魂の世界においては感性の最も真なる形態が最も真なる善と遭遇する。それこそ魂の受動passionであり、感情である。(35)

すなわち感性は、善を快として捉え、悪を不快と捉える。したがって自己意識に到達した精神は、高次の生命における自己目的運動にかなう善なるものを快として感じる。ゆえに感性を通してわれわれは、高次の善を目指すのである。快は、善の所在をわれわれに知らせるものとして考えられている。ここで、感覚が欲求化するといわれたときに、「その感覚が苦痛でないときはいつでも」という条件があったことを思い出しておこう。習慣形成に決定的影響を及ぼす快苦は、善悪に、そして善悪の判断は高次の生命に基づいていると考えられる。

では、改めて高次の生命とは何か。そこで希求される善とは何か。それは、先回りすれば、やはり神であると考えていいだろう。ラヴェッソンはこうも書いている。運動の世界におけるのと同じように、魂の世界においても、快を追う感性的経験は欲求になり、能動的行為は傾向になる。加えて、やはり運動の世界におけるのと同じように、能動的行為が生み出した傾向は、反省されずに自然発生的に行われるものである。そこでは愛する行為と愛されるものとのあいだに境界がない。もはや意志に導かれるのではなく、自然発生的に、魂はそこへと向かう。その場面において、

自然は欲求において満ち、欲求は欲求自身を引きつける善において満ちる。この意味で、深遠なる神学者の奥深い言明が、厳密に、実証されることとだろう。すなわち「自然は先回りする優雅さ／恩寵grâceである」と。それはわれわれにおける神である（……）[36]

と、ラヴェッソンは述べる。善をひとりでに希求する傾向は、善において満たされたものであると考えられる。優美さあるいは恩寵と訳されるgrâceは、意志に先立ち、善へと向けてそれを決定する。そしてはっきりと述べられているように、その善の根拠は、神Dieuである。

理解のために、ベルクソンのラヴェッソンへの言及も参照しておこう。ベルクソンは、倫理学・政治学学士院においてラヴェッソンの後継者であった。このアカデミーには、就任の際に前任者を讃える講

演をする慣例があり、そこでベルクソンはラヴェッソンを紹介する際、grâceというフランス語の両義性に触れている（のちに一九〇四年に学士院紀要に掲載）。ベルクソンによると、ラヴェッソンにとってこの二つは同じことである。

宇宙を芸術家の眼で静観する人には、美を通して優雅さが読み取られ、優雅さの下から善意が透いて見える。すべてのものはその形が記す運動の中に、自分を投げ出す原理の無限な寛容を示している。そこで人が運動に見る愛らしさと、神の善意の特徴になっている恩寵とを、同じ名で呼ぶのは間違ってはいない。Grâceという言葉の二つの意味はラヴェッソン氏から見ると一つにしかならなかった。(37)

すなわち美しさの中に優雅さがあり、優雅さのもとに善がある。ベルクソン自身が『意識に直接的に与えられたものについての試論』で述べているように、(38)優雅な動きは、滑らかな動きである。滑らかな動きとは、直前の動きから次の動きが予測され、その予測通りに進んでゆく動き、その意味で調和的な動きのことである。その反対は、無秩序で、ぎこちない動きである。快いと思われるものの下には、神の善意、神の恩寵がある。われわれがそれが神の恩寵であると知らなくても、その優美さに感性的に惹かれるのは、自然的欲求が意志に先立って自ずから恩寵を求めているからである。もちろん有限なわれわれに神の恩寵のすべてがわかるわけではないが、快苦という感性的記号を通して、われわれのうちに神を感じることができる。

これが、ラヴェッソンの考える、神に基づく習慣形成の全貌である。能動と受動のあわいの領域で生じる自然発生性は、人の行動および精神的活動を包む。善へと向かう自然発生性は「直接的な叡智」であり、「観念と存在が渾然一体となった具体的思惟」[39]である。われわれは習慣を通して高次の生命に基礎付けられている。ラヴェッソン『習慣論』の最大の特徴は、有機的生命の原理と精神的生命のそれとを同一化した形而上学を打ち立てたことにあると言えるだろう。その同一化は、高次の生命という目的因によって可能になる。もちろんそれは突き詰めれば大きな性善説に陥るのではないかなど、様々な批判が想像されるが、ともかく、ラヴェッソンの描きたかった世界は神に根ざす合目的的世界であったことは間違いない。習慣は、本能的な自然から精神的自由に至るまで貫く法則である。その原理は神に根ざしている。そのことによって、われわれに恩寵を開示する。有名な螺旋の比喩も、この限りで理解されるべきである。


自然の最後の根底と反省的自由の最高の点とのあいだには、同一の力の発展を測る無限の段階がある。(……)それは、その原理が自然の奥底にあって、意識の中に開花する一つの螺旋のようなものである。

習慣は、この螺旋を再び降りてゆき、それの発祥と起源とをわれわれに教えるのである。[40]

6-4 ラヴェッソンの見落とし

ここまで、ラヴェッソンの『習慣論』を見てきた。ラヴェッソンはビランの習慣についての法則を補完しただけでなく、習慣による形而上学を展開した。確かにラヴェッソンの言う曖昧な能動性は、ビランの自然発生的運動の機構を解き明かす糸口になりそうである。けれどもビランの『習慣論』が抱えていた問題、能動性と運動の同一視はどうであろう。まさにここに、ラヴェッソン形而上学の重大な問題が潜んでいる。次に考察するのは、ラヴェッソンがビランから何を受け継がなかったか、またその原因である。

すでに見たように、ビランの『習慣論』の抱える問題とは、一つには、能動的であるはずの知覚も、繰り返されるにつれて、運動が無意識的になることであり、もう一つには、受動的であるはずの感覚もまた、反復に従って傾向性が生じる、ということであった。最初の問題は、能動性と運動を混同した結果招いた矛盾であり、ビランは能動性を、有機的抵抗に対して努力する自我に見出すことでこれらを解消したのであった。それに対してラヴェッソンは、能動性と運動を取り立てて分けることはせず、「曖昧な能動性」によってこれを説明するように試みた。しかしそれは本当に成功したのだろうか。

すでに、ラヴェッソンにおける能動とは何かという疑問を予告しておいた。なるほどそれによれば、抵抗に対する力であった。しかしその抵抗とは、有機的抵抗であるのか、絶対的抵抗であるのか。ビランが区別するこの二種類の抵抗を、最後まで、ラヴェッソンは区別しなかった。したがってラヴェッソンにとっては、抵抗に対して向かっていくものが、すべて能動である。ということは、能動と受動の概念は、それぞれの場合によって、その内包を変えるということになる。能動性は器官単位で領域が画定されるのではない、それは受動に対する力一般なのであって、現れる抵抗によって能動自身の姿も変わるのである。

しかしそうなると、別の疑問が生じる。意志と本能は、どのように異なるのだろうか。ラヴェッソンの言うように、この世の存在すべてが、植物や鉱物までも、高次の生命に基礎付けられたものであるなら、(41)それら一つひとつが何らかの方法で高次の生命を現しているということになる。そこでは、意識的存在としての人間とそれ以外の動物、あるいは動物と植物、さらには生物と非生物のすべてが、同じく論じられているように思われる。果たして意識的存在としての人間は、どこまでその連続性につらなっていて、どのようにしてそこから区別されることができるのか。あるいは区別はないのか。いやしかし、別の箇所で、ラヴェッソンは、意識的存在である人間においてこそ、習慣の範型が現れるとも述べていた。(42)ならば意識的存在が、他のものと繋がりながらも、そこから区別される契機が探られなければならない。

ビランならば、この問いに対して、覚知を以て答えただろう。覚知とは原初的事実である二元性に気付き、自らが努力としてあることを知ることであり、具体的には因果関係の掌握によって知られる。それによって器官的身体の生理的機能から独立した、意志が得られる、と。しかし覚知は、ビランが能動性を再定義したからこそ見出した概念である。それゆえ能動性概念に統一的定義を与えなかったラヴェッソンは、その決定的瞬間を逃し、連続性の中に四散し続けてしまう。

ビランが覚知という瞬間にこだわったのに対し、ラヴェッソンは自然の連続性を論じようとしていた。したがってここに見出された両者の乖離は、ある意味では当然の結果であるかもしれない。しかしある程度までラヴェッソンの形而上学がビラン哲学を補ったのもまた事実であるし、おそらくビラン哲学もラヴェッソンを補完できる立場にあるように思われる。ビランもラヴェッソンも、どちらも意識の内的事実を解き明かすという意図においては同じである。早急に失敗を見て取る前に、今一度、ビラン的瞬間とラヴェッソン的連続性が共存する道を模索する必要がある。

第７章　覚知と自然発生性の関係

西田幾多郎（一八七〇—一九四五）は、最晩年の論文「生命」において、ラヴェッソン『習慣論』について立ち入って論じたのち、次のように書いている。

以上論じた如くにして、メーヌ・ド・ビラン以来の内的知覚の哲学と考へられるものは、私の矛盾的自己同一の場所的論理の立場から基礎附けられると思ふ。而してそれは逆に場所的論理が内的知覚の事実に証明せられることである。[1]

西田はここで、ラヴェッソンをメーヌ・ド・ビラン以来の内的知覚の哲学の系譜に置いた上で、それは自らの場所的論理と互いに証明し合う関係にあるという。すなわち西田の場所的論理が、ビランらの内的知覚の哲学を論理的に説明し、内的知覚の事実が場所的論理を例証する、と。

ところで西田自身は、「非連続の連続」とか「永遠の今の自己限定」をその研究の中心テーマに据えていることからも窺えるように、瞬間か連続性かで言えば、むしろ瞬間を論究する立場にあるように思われるかもしれない。その西田がどのようにラヴェッソンの『習慣論』を読んだのか。どのように、内的知覚の哲学と西田哲学は互いに補強し合うことができるのか。

実は、論文「生命」における『習慣論』への言及は、その大部分がラヴェッソンの引用によって成り立っている（引用符はほとんどない）。西田はそこに自分の立場からの註釈を、適宜施す程度である。このように誰かの文章をごっそり引くことは、西田の書いたものとしては、きわめて稀である。なぜ西田はこのような書き方をしたのか。このラヴェッソンへの言及を「粗い」と取るならば、その理由には、迫り来る死に対する西田自身の焦り、あるいは次の論文（そして結果的に最後の論文）である「場所的論理と宗教的世界観」への着手が挙げられるだろう。実際に、「生命」は途中までしか書かれていない。しかし「生命」におけるラヴェッソン紹介は、視点を変えれば、西田がラヴェッソンを綿密に追い、その思想に寄り添おうとしている、とも取れる。そう考えた場合、この西田のラヴェッソン「読解」は、一つの熟考に値するものとなるだろう。またもしかしたらそこにビラン的覚知の瞬間とラヴェッソン的自然発生性の連続性のありうべき関係を見出すことができるかもしれない。そのような意図のもと、本章では、西田のラヴェッソン読解を取り上げることにする。

7-1　後期西田哲学についての概観

「生命」を読み解く前に、まず西田哲学について概観しよう。これまでの研究にならって、西田哲学は、『善の研究』(一九一一)を中心とした前期、『働くものから見るものへ』のとりわけ「場所」(一九二六)論文からの中期、それから京都大学退官後の『哲学論文集第一』(一九三五)以降の後期の、三段階に大まかに分けることが可能である。とはいえこれら三つの段階において、違うことが論じられたのではない。『善の研究』の新版用の序に西田自身が書いているように、[2]それは同じ問題を突き詰めるに従って見えてきた新たな現象を吸収してゆくことによる深化であった。『善の研究』で主体と客体が分離する以前の経験そのもの、純粋経験と言われたものは、「場所」論文でその「於いてある場所」から考える重要性が加えられ、後期においては、その「於いてある場所」である歴史的世界の形成作用を「行為的直観」の概念から再構築することが試みられる。「生命」は最晩年の論文であるので、目下の論考でわれわれに直接関係があるのは後期西田哲学であるが、問題圏としては、それは前期以降受け継がれてきたものであることを忘れてはならない。

西田のラヴェッソン読解を検討するに先立って、まず後期西田哲学を概観し、あのジャーゴンの連続に思われる奇怪な思想を整理していこう。『哲学論文集第三』に収められた論文「歴史的世界に於ての個物の立場」[3]に依拠しながら作業を進めていくことにする。

西田の哲学的関心は、抽象的思弁の整理ではなく、具体的世界を哲学の言葉で描き出すことにあった[4]。その意図を念頭に置きながら、私が私を取り巻く世界を見るという現象を考えてみよう。西田によれば、ある実在と世界とは、対象Aが対象Bに出遭うように、出遭うのではない。実在と世界をそのように対象化して考えることは、すでに抽象の産物である。具体的な実在はつねにすでに世界の中にあって、歴史の動きの中にあるものである。そこを一歩でも出れば、その実在は現実的ではなく、抽象化されたものに変ずる。私は、今私を取り巻くこの環境の中にしか存在していない。他方、世界とは、単に実在を取り巻く存在の総体にとどまらず、そこに実在が参与し、実在に影響を与える場所である。この相互影響から、現実的な実在が生まれる。世界は私の目に映るものに思われるかもしれないが、それはスクリーンに映し出される映画のようなものではなく、私がそこに参加する可能性をつねに孕んでいるものである。さらに言えば、私がいなくなったとき、世界が存在し続けるかどうかはわからない。少なくとも私の目に映るものとしての世界は、なくなってしまうように思われる。したがってあらゆる実在は、歴史的世界の動きの中にあるが、しかしそれは、世界が実在に先行して存在していることを意味するのではない。実在はつねにすでに世界の中にあるが、世界は実在なしには世界たりえないからである。実在と世界は同時的に産出される。このような現実の世界における実在を西田は、真に個的individuelなものとしての「個物」と呼ぶ。

しかしこのような個物と世界の関係は、どのように考えられるのだろうか。それを幾何学的に考えることはできない。なぜならこの関係においては、全体の中に部分が含まれると同時に、部分の中に、全体が含まれているからである。西田は、この関係を、「表現的関係」と名付ける。論文「歴史的世界に於ての個物の立場」の中で、この関係はライプニッツの『モナドロジー』を参照しながら論ぜられる。よく知られているように、モナドは、世界の一部でありながら、世界全体を映している。『モナドロジー』の第五十七節を引用しよう。

同じ都市が、異なる角度から見られると変わって見え、角度によって多様化されるのと同様に、単純実体〔モナド〕の無数の多様性によって、様々な世界が現れるが、それらはしかし、それぞれのモナドの視点によって異なる、唯一の世界についてのもろもろの観点でしかない(5)。

モナドは、それぞれの視点から世界全体を映し出す。『モナドロジー』の第五十六節でモナドが「生ける鏡」と言われているゆえんである。それゆえライプニッツは、知覚や直観も、モナドにおいて世界が投影された結果である表象représentationの一つとして考える。モナドが世界を映し出すとき、世界はモナドのうちに現れる。それが世界の存在の仕方である。世界はモナドによって映されることによって存在している。これがモナドと世界の表現的関係である。

西田はこのライプニッツにおける表現的関係を高く評価するが[6]、その不十分も指摘する。西田によれば、ライプニッツの描く世界はまだ静態的である。モナドロジーにおけるモナドと世界の関係は、世界と個物との置かれている状況を表しただけであって、現実の世界が動きゆくものであることを考慮に入れていない。したがって、西田は、ライプニッツを越えて、表現的関係にある世界と個物の関係を追う。西田は言う。

ライプニッツのモナドは表象するものであって働くものではない（欲望と云っても唯知覚から知覚へ移り行くことである）。而して働かないものは真の個物ではない、唯考へられたものに過ぎない[7]。

ライプニッツにおいては、個物はただその外部にあるものを映すだけである。しかしそれぞれの存在が互いに映し合うだけなら、それはまさに合わせ鏡だらけの世界であり、何も動かない。そのような世界は永遠に静かで、一切の創造の音が絶たれた世界である。山形が指摘するように[8]、予定調和とは、モナドに窓がないことの当然の帰結である。モナドは窓がないので、他のモナドとの交流を持つことができない。モナドはめいめいが勝手に自分自身の生を生きる。それでも無秩序に陥らないのは、予定調和があるからである。もしモナドに窓があって、本当に、互いに働き合うことができたなら、それは予定調和以外の因果関係を招き込むことになり、予定調和の崩壊に至るだろう。それぞれのモナドが自分勝手に生きながらも調和が保たれていると想定することは、そのモナドたちの活動を調和のうちに組み込むことであり、結局はモナドが本当の意味で動くことを否定することに繋がる。予定調和は、個物間の交流のない世界の、当然の帰結なのである。モナドロジーの世界にあっては、全体が動くだけである。ライプニッツは神の国を掲げているが、それはまさに世界が一つの目的によって動かされていることを意味している。モナドロジーの世界は、厳密には、世界そのものによって世界が動くのではない、神によって動かされるのである。このこと、つまり現実にある物が働くことを欠いている状態を指して、西田は、ライプニッツの世界を、「唯考へられたもの」と言っている。

一方、西田が目指すのはダイナミックな世界であり、個物がその中で互いに働き合う世界である。西田は、ライプニッツの世界を否定することなく、深めることで、彼自身の目指す世界に達しようとする。ではいかにしてモナドあるいは各個物は働くことができるのか。また「働く」とは何か。

まず個物の個物的なるゆえんを確認しよう。西田によると、

個物は個物に対することによつて個物である。唯一つの個物といふものはない。唯一つのものと云ふのは、何処までも限定せられないものであり、個物と云ひ得ないものである。(9)

「唯一つのもの」が存在していることを思弁的に考えることは可能である。けれどもそのようなものは

現実には存在しない。現実に存在する個物は、他の個物に対することで個物たりうるのである。しかしながらそれと同時に、西田はこうも指摘する。

個物といふものは何処までも独立的なものでなければならない、何処までも自己自身の内から自己自身を決定するものでなければならない。(10)

個物は独立しているものでなければならない。先ほど見たように、予定調和の統一を逃れるためには、それぞれの個物が、自己自身のうちから自己自身を決定する、すなわち自らによって自らを決めることができなければならない。

したがって個物は、他の個物と対立することで個物たりうると同時に、自律的で独立していなければならない。しかしそれはいかにして可能なのだろうか。個物の個物的たるゆえんを支えるものは何か。西田は、それは個物が「働く」ことだという。

自己自身の内から自己自身を限定する個物は、働くものでなければならない。(11)

働くといふことは他を限定することであり、又他から限定せられることである。そこに真に個物が個

物に対すると云ふことがあるのである。(12)

自ら動き、発展する世界において、個物は他の個物と対立する。より強く対立すればするほど、個物は自らの生と他の個物の生とのあいだにある矛盾を強く感じるだろう。このような状況において「働く」ことが、他の個物を限定すると同時に、他から限定されることを可能にする。というのも、この状況下で他を限定するとは、その行為そのものによって不可避的に、他を限定するものとして他から限定されることだからである。したがって他の個物と相対することと、自己自身によって自己自身を限定することとは、一つの同じ「働く」行為の二つの側面である。他の個物と相対するからこそ、自己は自己自身を限定することができるのであり、それぞれの個物が独立的であるからこそ、個物と個物は、真に相対することができるのである。それゆえ、西田にとって個物が「働く」とは、厳密には個物同士が「相働く」ことである。そのことによってのみ、個物は真にその個物性individualitéを生きることができる。西田の別の言葉を使えば、他の個物と働き合うことによって、個物が「自覚する」(13)。働く個物を、モナドロジーの世界に喩えて考えるなら、それは窓のあるモナドになるだろう。すなわち互いに影響を与え合い、相互に働くモナドである。それによって世界そのものも変化してゆく。そこでの世界はもはや、目的因に導かれた世界ではない。「私の考はモナドロジーではない。私の考の要所は、個物と個物との予定調和にあるのではなくて、作られたものから作るものへと自己自身を形成し行く世界にあるのである」[14]モナドが働くことによって、世界そのものが動き始めた。

以上でモナドロジーを足場として、西田における動的世界の全体像が浮かび上がってきたように思われる。ライプニッツから西田を分けるのは、働く個物、ないし個物の働きである。次に、西田が「働く」という行為が具体的にどのような行為であるのかを見ていこう。

真の実在界といふものは、個物と個物との相互限定の世界でなければならない、物と物とが相働く世界でなければならない。個物と個物との関係はライプニッツの云ふ表現といふことでなければならない。併し個物と個物とが相関係し相働くと云ふことは、互に相表するということではなくして、相働くことによつて物を作ると云ふことでなければならない。[15]

ここで西田は、「作る」という概念を導入する。真に個物と個物が相働く場合、互いに映し合っている関係にとどまることはできない。それに加えて「相働くことによって物を作る」事態が生じる、と西田は言う。ここで、働くという概念は「作る」と言われている。しかし通常、「作る」と言えば、ある制作者がいて、その人が目の前に物を作り出していく光景が思い浮かぶだろう。そう考えると、制作者は、目の前の物に対して一方的に働いているようにさえ思われる。相働くことと、作ることは、どのように繋がるのだろうか。西田は説明する。

我々が表現作用的に働くと云ふことは、我々が自己自身を否定して客観的に物を作ることでなければならない。而も物は我々によつて作られたものでありながら、我々を離れ、我々に対立するもの、見られるものであり、逆に我々を限定するものであり、我々の行為を惹起するものである。そこに我々の表現作用といふものがあるのである。故に私はそれを絶対否定によつて媒介せられると云ふのである(16)。

まず、この引用には、限定することと限定されることとの関係を見出すことができる。我々は、物を作るという行為によって、その物を作ったものとして作られる、という箇所である。したがって、ここで言われている「作る」行為は、ものづくりという言葉からしばしば連想されるような、単にある事物を新たに産出することだけに止まらない。作られたものが「我々を離れ」、「我々に対立」し、我々に「見られ」、逆に我々を、作るものとして「限定」するものである。作る我々と作られたものは互いに限定し合っている。加えて、作られたものは作るものの行為をも「惹起」する。すなわち、作られたものが作るものの側の作る行為を誘発する、そのような事態が考えられている。塑像制作の例を考えてみよう。像を作るロダンは、作り出す前から完成する作品を完璧に思い描けているわけではない。作る前にも、作っている最中にも、彼の手元で刻々と表情を変える作品の表面が、次の動作を彼のうちから引き出す。ロダンが像を作るときには、一方ではロダンの手が表面を作っていくと同時に、他方では表面の内的必然性のようなものがロダンの手を動かす側面がなければならない。これをリルケは内側からの規定と形容したのであった。[17]この例に鑑みれば、ここで西田が言いたいのは、作るものと作られるものは絶えざる相互限定的関係の中で、一連の「作る」行為が形成されてゆくことであると考えることができる。[18]この意味で、相働くことは作ることと言い換えられると解釈して差し支えないだろう。

さらに、西田が、作ることは「客観的な」物作りであると付け加えている点に注目しよう。客観的に作られる物とは、どういう物か。それは、作るものと作られたもののあいだに絶対的な違いがあるということである。作るものと作られるものは、相互限定的な関係の中にありながら、それぞれが独立する別の存在でなければならない。いやむしろ、それぞれが独立する存在であるからこそ、作るものと作られるもののあいだの絶えざる緊張が可能になっている。もし作るものと作られるものが別々の存在ではないなら、そこには作り-作られる関係はない、単なる一つのものが変様しているにすぎない。

したがって「作る」ことは、一見すると相働くことのヴァリアントのように思われるが、作り作られる関係には、具体性の中に置かれたがゆえの連続性がある。相働く個物を具体的世界において考えたとき、単なる相互限定によって自己自身を知る「自覚」の瞬間があることだけではなく、局面が展開してゆく過程において自覚が現れることを意味していることがわかる。

ここまで、相働くこと、作ること、そしてそれによる自覚、また行為的直観的な在り方を中心に後期西田哲学の概要を見てきた。それは、一方では相互限定の現在という特別な瞬間に基軸を取るものであながら、他方では、世界の連続性、ダイナミックな方向付けをも思考の射程に入れようとしている。作られたものと作るものは、連続して展開する局面の中にいる。例えば先ほどの塑像の例を取れば、粘土の面を整えるその瞬間は直観と行為の相互関係の中で形が決定される瞬間であるが、しかしもう少し時間の幅を広げて考えれば、これまで作り上げてきたものの上に立って、これから作るものが決定されていることも認めなければならないだろう。その流れの中で、今、作品のしかじかの部分に、どのような角度でどのような大きさの粘土を加える、という特殊な瞬間が存在するのだ。では、この連続性と瞬間の関係をどのように考えればよいのだろうか。何を契機に、自覚という特殊な瞬間は、連続性の中から現れるのだろうか。

この問いは、後期西田哲学においては、単に「自覚」の瞬間を位置付けるだけでなく、西田哲学にとって、より大きな意味を持つ。なぜなら、西田において、個物が自覚するということは、世界が自己形成することだからである。個物が相働き、自覚するとき、それと表象関係にある世界もまた、「作られたものから作るものへと自己自身を形成(19)」すると西田は考える。「自己形成的世界、創造的世界(20)」は、予定調和の世界を拒否し、働く個物を考えた西田にとって当然辿り着くべき世界である。そしてその世界における自己形成の原動力、創造性の源は、個物が働くことに帰されなければならない。つまり瞬間と連続性の問題は、もはや個人の意識の上での問題を超えて、世界およびそこにおける実在のあり方に関わるのである。

7-2　西田のラヴェッソン読解――自覚について

さて、おそらくこの文脈において、西田はラヴェッソンに興味を持つ。西田によるラヴェッソンへの最初の言及は、論文「行為的直観の立場」（一九三五）に見出せる。それは、西田が習慣に関する短い考察を述べたあとである。

私は習慣について本文を草した後、偶々、ラヴェーソンの『習慣論』を読んで、ラヴェーソンが既に習慣について深く考へて居ることを知つた。それは歴史的世界の実在性とまでに考へるものではないが、習慣について洞察に富んだ美しい考と云はざるを得ない。(21)

このように西田はラヴェッソンを高く評価しているものの、一九三五年から一九四五年までの一〇年間で西田が他にラヴェッソンに言及した跡は見つかっていない。西田のラヴェッソンへの評価は、一九三五年のテキストにおいても、『習慣論』をごっそり引用している一九四五年の「生命」においても、本質的には変わっていない。ここから先は、西田のラヴェッソン読解を参照しながら、西田の考えならびにそれに由来するラヴェッソンの読み方を明らかにしていこう。その過程で、自覚の瞬間と習慣の連続性の関係も明らかにしたい。

本章の冒頭で述べた通り、論文「生命」における西田のラヴェッソン読解は、ラヴェッソンの訳出とそれに対する西田のコメントからなっている。西田自身がラヴェッソンを訳したのかは定かではない。というのも、そのときにはすでに野田又夫による『習慣論』の翻訳が出版されていたからである[22]。野田訳と「生命」の引用箇所を比べてみると、多くの箇所で訳語の一致が見られることから、西田が野田訳を参照したことは間違いないように思われる。しかし言い回しなどにずれがあることから、完全に依拠したわけでもないのであろう。西田のラヴェッソンに対するコメントは、基本的にはラヴェッソンのテキストを自らの立場から解き直すという立場から付されている。

では、「生命」における西田のラヴェッソン読解を見ていこう。ここでは、そもそものわれわれの問いが、覚知の瞬間と自然発生性の連続性はいかにして共存しうるか、であったから、便宜上、まず覚知について、あるいは西田の術語で言えば自覚についての議論を見たあと、次に自然発生性についての議論を見ることにする。

ラヴェッソンは無機物の世界、生命の世界、意識的存在の世界という三世界の区分を語る。このうち、自覚をめぐる論述にとって重要であるのは、生命と意識の差である。

順に、無機物と生命の違いから見よう。ラヴェッソンは、まず無機物の世界は一様な時間によって特徴付けられると言い、それに対して、生命体は、その空間的な有機体と時間的な生命という構成によって、自分自身に固有の時間を生きると言う。無機物の世界においては、すべてが存在であってまだ「真の存在者はない[23]」が、生命体はそれぞれが「単なる存在l'êtreではなくして、存在者un êtreである。(……)生命と共に個性が始まる。生命の特質は、世界の真中に独立な一つの世界を形成することである[24]」。生命体にとっては、その周囲の環境が自身との関連において意味付けされたものとして現れる。この新たな意味を帯びた環境の再構築が、彼の「独立な一つの世界」である。

西田は自らの立場から、この事態を「世界が自己〔世界〕の中に自己表現的要素を含むと云ふことに他ならない」と補足説明する[25]。例えば西田のライプニッツ読解からも明らかなように、生命と個性の同時的発生とは、生命体が世界を映すこと、それも欲求的という仕方で映すことを意味する。欲求的とは、快いものに近づき、不快なものから遠ざかることである。世界はこのようにして、世界の中にある生命体のうちに、その生命体にとっての世界として現れる。それゆえ生命の誕生とは、西田によれば、「時が空間を否定する、空間が時間的自己否定を含む」こととして説明される。というのもその意味するところは、生命体を取り巻く空間的多様が、生命体という時間的統一によって、その時間的統一のうちに、吸収されることだからである。

しかしこのような生命の誕生は、なるほど「習慣の成立条件[26]」であり、習慣形成の受け皿ではあるが、まだ十分に個物的ではない。世界の中での自己についての意識をまだ持っていないからである。習慣は具体的な一存在者の様態であるのだから、経験を蓄積する場所として個人がなければならない。ところが単なる生命体はまだ出来上がった習慣に乗せられているだけで、新たな習慣を自らの意志で作り出す力が弱い。それゆえラヴェッソンと西田は、単なる生命体から意識的存在の出てくるさまを追う。それは、西田がすべての引用の中で最も緊密にラヴェッソンと寄り添う箇所でもある。やや長くなるが、重要な箇所なので、その一部を見よう。

生命の段階を上るに従つて存在者は最早部分的にのみ運動するのでなく、全体として運動する、即ち場所を変ずる。(……)受容性と自発性と対比は著しくなつて来る。(……)外から受ける作用と自ら生む反作用との間の直接性及び必然性が減じて行くに従つて、益々独立に、固有の仕方で、時期を選んで統制する中心が必要となる。此の如き認識し、評価し、予見し、決定する裁判官は、我々が精神ameと呼ぶ所のものでなくて何であらう。是に於て自然の中に自由の微光が現れるのである。無論それは最初不明瞭不確実なものではあるが、そこに生命は最後の一歩を踏み出すのである。(……)機械的世界の宿命性から出て来た存在者が、機械的世界の内部に於て、最も自由なる活動性といふ完全な形に於て自己を現すのである。存在者が自覚するのである。この存在者こそ我々自身である。(……)自然は我々が単に外から見た光景であった(……)併し意識に於ては、働くものと働きを見るものとが一である、否、働きと働きを見ることとが合一して居るのである。此故に我々は唯意識に於てのみ習慣の範型を見出し得るのである。習慣の法則を認めるのみならず、その「如何に」と「何故」

とを知るのである。(27)

西田はこのテキストを数段にわたってほぼまるごと訳出している。西田オリジナルの文章はただ「存在者が自覚するのである」という一文のみである。まずはこの一文を除いて、ラヴェッソンの論述を追うことにしよう。

ここでは、もはや外的原因に誘発されるのではない、自分自身が原因となる運動が論じられている。単なる生命体の行う運動は、外から受け取る印象に誘われて動かされるだけである。それは自ら動こうとする主体的運動ではない。単なる傾向である。しかしその印象と運動のあいだの必然的関係が薄れるにつれ、ほとんど機械的な反応であった運動が自然発生的に生じるようになる。そのときに、その自然発生性の現れるいわば場所として、精神âmeが必要になる。これによって、われわれはついに自ら運動を行うことが可能になる。

ここで現れる自由な運動とは、自然発生的な運動ではなく、意志的な運動であると考えて差し支えないと思われる。引用中の「最も自由なる活動性」とはla plus libre activitéの訳語であり、activitéの語は、自然発生性とは一線を画した能動性を含意しているからである。また西田は引用していないが、原文ではラヴェッソンは「この存在者こそ我々自身である」のあとに、「ここに意識が始まる、意識の中に知性と意志がきらめく」(28)とも述べている。

そのようなわれわれ自身であるところの意識は、外から見るだけの自然と対立するものとして描かれる。「自然は我々が単に外から見た光景であった」とは、その原因にわれわれが与ることができないという意味であろう。それに対する意識は、自らの意志で動くことに由来する。主体が動くとき、その現れる場所として精神が浮かび上がり、意志的で自由な運動において意識が始まる、とラヴェッソンは考えた。

ラヴェッソンは、ここに精神の自由、意識の誕生を見、さらには、「習慣の範型」を認める。どのような意味で、意識の誕生は「習慣の範型」であると言われているのだろうか。ここで問題となっているのは、働き（原文ではl'acte）と働きを見ること（原文ではla vue de l'acte）の一致である。ここでの「見る」とは、外から見た光景であった自然と対置されていることからもわかるように、目で見ることというよりもむしろ、原因であることを感じ取ることという意味で使われているように思われる。つまり動いている事実と、動いている主体であるという当事者としての感情が同時に感じられることが、意識の特徴として組上に載せられている。おそらくこのような自由の感情は、実用的な目的のために為す運動よりも、運動そのものが目的となっている運動において、より強く感じられることだろう。それに対して、習慣においては、運動と運動の目的が一致していた。しかもそれは強制的に与えられたものではなく、あくまで精神が自由に選び取った結果であった。意識的と無意識的という違いはあれども、自律的に存在すること、あるいは自ら設定した目的を自ら達成することにおいて、意識と習慣は共通している。

その意味で、意識の誕生は習慣の範型であると考えられる。

さて、西田は、自ら行う運動が出現することを述べる箇所に触れて、「存在者が自覚するのである」という文を挿入した。この一文は重要である。それは意志的運動と意識の誕生のみならず、そこに存在者が自らについて知ること、自覚することを看取する西田の考えを、端的に現しているからである。

引用の文章に続いて、西田は、自らの時空間の論理の立場から次のように説明している。すなわち、

人間的生命に至って、空間が時間を否定すると共に、時間が空間を否定する、空間と時間との絶対矛盾的自己同一として存在者が具体的に自己自身を顕現するのである。即ち世界が自覚するのである。此故に、意識作用に於いて習慣の範型を見るのである。(29)

西田は決して心身二元論の立場を取らないけれども、ひとまずここでは、「時」を時間的統一である意志に、「空間」を空間的な身体と読み替えると、理解しやすいだろう。身体を意志的に動かすとは、まず意志が身体的空間の惰性的あり方を破ることである。けれども時が空間を破るとは、見方を変えれば空間が時を破ることである。〈私〉の意志は身体に働きかけることで具体的客観的な形を取る。あるいは、取らざるをえない。なぜなら、意志的運動において、意志は相互限定的に身体によって限定される側面があるからである。その少しあとで、「内から外へは、逆に外から内へである」(30)と述べられている

通りである。したがって西田においては、意志的運動は、時空間の相互的限定を可能にする交叉の、その現出の瞬間に生じるものとして捉えられている。

生命体においてはまだ欲求的として空間の時間的自己否定のみが表立っていた。つまり外的事物によって身体の欲求が限定され、それに意志はなびいていた。意志的運動においては、逆に時自ら空間を破り、切り込む力があるために、それは相即的に空間による時間の否定を伴う。明らかに西田は、生命体と区別して、意志的運動に空間の時間的自己否定即時間の空間的自己否定という二重の否定の性格を与えている。それによって存在者は「自覚し」、世界も「自覚する」と考えた。

ところでこの西田の論理は、ラヴェッソンの記述以上のことを盛り込んでいるように思われる。というのも、ラヴェッソンは生命から意識への変化を、作用と反作用の距離が広がることに、すなわち連続的な程度の差からやがて生じたものとしてしか見ていないのに対し、西田は、二重否定という特殊な交差の瞬間を見出しているからである。ラヴェッソンが意識の誕生に習慣との共通点（自己目的化）を見出したのに対し、西田は同じ意識の誕生に自覚という特別な瞬間を見ている。しかしまだここでは、西田はラヴェッソンに対して表立った反論を述べていない。あくまでラヴェッソンの観察する現象を「論理化」したというスタンスである。

7-3　西田のラヴェッソン読解——自然発生性について

次に、自然発生性について、あるいは習慣についての西田の読解を見ていこう。西田は先ほどのラヴェッソンの引用に関して、こうも述べている。

私は嘗て歴史的世界は何処までも作られたものから作るものへとして、徹底的に無基底的と云つた。ここに歴史的世界の存在は素質的であり、歴史的の働きは習慣的と云ふことができる。作られたものから作るものへと云ふことは習慣が習慣を生むと云ふことに他ならない(31)。

歴史的世界とは西田の術語で、われわれがいる唯一無二の具体的な世界のことである。思弁的に考えられた抽象的世界に対立する概念である。「歴史的」と呼ばれるのは、実際の世界はすべて一度しか起こらない出来事の連続からなっているからである。さて、そのような世界における現在、すなわち歴史的現在は、具体的なしかじかの過去の生み出したものであり、また具体的なしかじかの未来を引き起こしてゆくものである。人はよく「あのとき、AではなくBを選んでいれば……」と考えるが、過去に戻ってBを選び直すことはできないし、Aを選んだ事実が現在を作っている。現在は、今ここで生きられている現在の他にはない。また今、CとDという選択肢のあいだで迷っているとしよう。Cを選べばCを選んだ未来があり、DにはDの未来がある。しかし両方を選ぶことはできない。今の選択は、それぞれの選択に伴った未来を含んでいる。さらに、もし過去に、Cに類似したC'やC''を選んできたのなら、それはすでにCに傾いている現在の自分を作っており、それゆえ今の選択もCとDのあいだで五分五分で揺れているのではなく、Cへの親和性が高くなっているだろう。もちろんそれを振り払ってDを選ぶことは可能であるが、現在のCへの親和性そのものは否定できない。したがって歴的世界は不可逆であり、一度きりの出来事から成っているだけでなく、それは無限に続く過去から未来への連鎖なのである。すでに作られたものが次に作るものへとつらなっていること、そのダイナミックな連鎖が歴史的世界の独自性を支えている。もちろんこの連鎖そのものは、決して実体化されないし、それを支えるものも、これであると名指しすることはできない。「徹底的に無基底的」なのである。

さて西田は、そのような歴史的世界の「作られたものから作るものへ」と連なる「徹底的に無基底的」な世界を、習慣の中に見出そうとしている。確かに、歴史的世界の連続性を考えれば、歴史的世界の形成は、個人においては習慣として現れると言えるだろう。習慣は実体的に措定されることを拒み、生きられる現在においてのみ現れる作用である。さらに習慣を、共同体の習慣として拡大解釈するなら、世界の形成そのものが習慣的であるとさえ言えるだろう。事実、ヨーロッパで中世以来繰り返されてきた道徳の源泉を習慣に見出す試みは、習慣を共同体の習慣として解釈している結果である(32)。

では、習慣はどのように習慣を形成していくのだろうか。ラヴェッソンと、それを読む西田とともに、確認していこう。先の章で見たことであるが、ラヴェッソンは習慣の形成過程を、「曖昧な能動性l'activité obscure」という概念を導入することによって説明していたのであった。すなわちメーヌ・ド・ビランの習慣論の補正的要素であり[33]、反復によって受動的経験は欲求となり、能動的経験は傾向となる、というそれである。受動的経験が欲求になるとは、例えば最初は少量の香水で満足できていたところが、次第に少量では匂いを感じなくなり、より強い匂いをもとめて香水の量を増やすことが例として挙げられるだろう。つまり受動的経験の反復が、より強い刺激への欲求を形成することである。このことを西田の時空間の論理に則って考えるなら、過去の空間的経験が時間的統一のうちに蓄積され、欲求を形成することであると考えることができる。逆に能動的経験が傾向になるとは楽器の習得などの場合に見られるように、意識的に行っていた動作が、意識せずとも容易に繰り返されることである。すなわち、意志を伴った行為が、身体に無意識の傾向として蓄積されることを指す。西田の論理に従えば、意志的行為が身体という空間に蓄積されることであると言えるだろう。受動的経験の場合も、能動的経験の場合も、いずれも意識下で、空間が時間となり、時間が空間となることで、主体とその於いてある世界（主体がその中でつねにすでに存在している世界）との関係史が、主体のうちに蓄積されてゆき、素質となって残るという構図が見出せる。西田は、別の箇所でこうも書いている。

習慣といふのは、単に河中の石が摩擦の為に円くなつたと云ふことでない。人間に於てはそれが受動的なると共に能動的である、真に歴史的なるものに於ては、然考へることができる[34]。

行為の反復において、能動と受動の区別がなくなるところに、真の歴史的なるものの形成作用がある、そう考える西田の目にとって、ラヴェッソンの曖昧な能動性という、能動と受動のあわいにある自然発生性は、まさにその具体的な事実に沿った証明であり、「場所的論理が内的知覚の事実に証明せられる[35]」ことであったろう。

7-4　西田とラヴェッソンの分岐

以上で、自覚と自然発生性についての西田とラヴェッソンの共鳴を見てきた。意志的運動が生じるとき、ラヴェッソンはそこに意識が現れると言い、西田はそこに自覚を見た。また作られたものから作るものへという形成作用のために、西田は歴史的世界は習慣的であるという。けれども先に自覚について見たことによると、意志的運動は二重の否定という点で特権的であり、連続性の中に置かれえないのではなかったのか。このように問うとき、われわれには、次の西田によるラヴェッソン批判はもっともであるように思われる。

世界は自己自身の中に自己を映す、意識は中項的と考へられる。併し時が空間を否定することは、直に逆に空間が時を否定することでなければならない。内から外へは、外から内へである。絶対現在の自己限定として世界が作られたものから作るものへと云ふ時、時が空間的に否定せられて行かなければならない。意識作用は空間的傾向の中に没して行くのである。作られたものからといふ立場に於て、意識は感覚的であり、作るものへといふ立場に於て、意識は意志的である。（……）故にラヴェッソンの云ふ様に習慣が自然に接近して行くのではない。意志と本能とは、その成立の根柢に於て相反するのである。絶対現在の自己限定として、本能とは未来が過去に映されてある立場からであり、意志とは過去が未来に映されてある立場からである。本能は作られた立場からであり、意志は作る立場からである。[36]

ここで西田は、ラヴェッソンの言うように習慣が自然に近づくのではない、と言いながら、ラヴェッソンが立てた第一の原初的自然と第二の自然たる習慣というペアではなく、本能と意志という対立を立てて、それを説明しようとしている。なぜか。西田にとっては、ラヴェッソンが暗に措定しているように、まず原初的なものがあって、そこから意識が生じるのではない。そのような考えは、結局、合目的なものとして現在を恣意的に読み替えることに陥るからである。もちろん西田も形成作用の連続性は認めている。しかし西田がラヴェッソンと違うのは、その連続性を直線的に流れる時として捉えるのではなく、現在に出発点を置いて、そこからその奥底にある連続性を読み解いていることにある。西田にとっては、過去が現在に連なり、未来を作るのではなく、現在の中に、矛盾的自己同一的に過去と未来が含まれているのである。それゆえに西田はラヴェッソンの言う連続性には納得せず、意識における意志と本能の違いにこだわる。なぜなら本能と意志とは、身体を持つものとしての人間の現在の意識において、それぞれ形成作用を受けて来るものとそれを受けゆくものとして現れるものだからである。本能と意志は、「絶対現在の表裏」として、矛盾的自己同一的に意識的存在の身体において結合している。ゆえに、「本能は作られた立場からであり、意志は作る立場からである」。

この修正を踏まえて、冒頭の問題をもう一度喚起しよう。西田は、ラヴェッソンの言う習慣の自己形成的なあり方に同意し、それを歴史的世界の形成作用と見なしながら、なおかつ自覚という非連続の瞬間を保とうとしている。それはいかにして可能なのだろうか。

ここで「行為的直観」が重要な役割を果たす。西田はラヴェッソンの習慣論を引きながら、西田は言う。

反省と意志とに於ては、目的と運動との間には多少とも間隔がある。習慣の発展に於て傾性tendanceが意志に取つて代るに従ひ、傾性は行動に接近して行く。間隔は次第に減少する、区別は消える。傾性の発動を促した目的観念は、今は傾性に接近し、之に合一する。反省に取つて代わるも

> のは思惟の主客の分離のない直接的知性である。目的が運動と、運動が傾向と、合一するに従つて、観念が存在となる。習慣は次第に実体的観念idée substantielleとなる。習慣によつて取つて代わる不明瞭な知性、直接的知性は、実在的直観intuition réelleであるのである。私の行為的直観と云ふものは、此からも理解することができるであらう。これは意識発展の極致に於て現れるものであるばかりでなく、実は意識発生の根源にあるものであるのである。[37]

この引用のほとんどはラヴェッソンの要約あるいは訳出である。西田が書いたのは、最後の二文、「私の行為的直観と云ふものは」以降である。まず、ラヴェッソンに由来する部分を見よう。ここでは習慣によって形成された運動において、目的と運動が合一することが述べられている。すでに何回か見てきたように、習慣の運動は自然発生的に、意志を伴わずに行われるのであった。そこではもはや目的の観念、運動の観念はなく、ただ行為そのものが目的と運動の合一として存在している。観念そのものが実体として存在しているので、実体的観念と言われるのである。このことを受けて、西田は、行為的直観は意識発展の極致において現れるものであるばかりでなく、意識発生の根源にもある、と述べる。どういうことか。ラヴェッソンが語っているところの実在的直観はどのような資格で「行為的直観」と呼ばれうるのか。行為的直観が意識発展の極致と意識発生の根源にあるということに、自覚と連続性の関係を解き明かすヒントがあるに違いない。

そもそも行為的直観とは何であろう。後期西田哲学におけるこの重要概念は、西田自身によって次のように定義されている。

我々は行為によつて物を見、物が我を限定すると共に我が物を限定する。それが行為的直観である。[38]

行為的直観といふのは、我々が自己矛盾的に客観を形成することであり、逆に我々が客観から形成せられることである。見ると云ふことと働くと云ふこととの矛盾的自己同一をいふのである。[39]

通常、行為と直観とは、能動的な行為と受動的な直観として対立するものであると考えられている。しかし西田は、その行為と直観を結び付けて考える。主体が純粋に能動的に世界に対して働きかけることも、純粋に能動的に世界から印象を受け取ることも、現実の世界においてはありえない抽象的思考の産物だからである。相働く作るものと作られるものとの関係におけるように、実際の世界においては、われわれは、受け取る印象に対応して動くのであるし、動くことによって受け取る印象が変わる。意志的運動のように鋭い相互限定的関係を考えなくても、状況は同じである。目に見えるすべてのものは、〈私〉の行為との意味を持って現れている。湯のみのお茶は喉が渇いたら飲むものとして現れるように、〈私〉はいつでも「行為によって物を見」ているのである。見ること（直観）と働くこと（行為）は、絶えず互いを限定し合っている。行為的直観は、われわれは、われわれがそこにおいて存在している現実世界の中で生きてゆく唯一のあり方を示している。

さて、前章で確認したように、ラヴェッソン形而上学において、習慣は意識を支えるもの、自然と意識を繋ぐものである。したがって「意識発生の根源」にあると考えることができるだろう。その習慣において、目的と運動は合致している。それが可能であるのは、西田に言わせれば、行為的直観という仕方でわれわれが存在しているからである。物はわれわれの行為に、われわれの行為は物に染み込んでいる。かたや「意識発展の極致」と呼ばれているものは、これもすでに見たように、意志的運動における「働くことと見ることの合一」であろう。相働く個物が、自覚することである。自覚において意識は自分自身を知る。行為的直観というあり方が、習慣にも自覚にも見出せる。

では、行為的直観は、いかにして西田の言うように意識発生の根源にあると同時に意識発展の極致にあることができるのか。行為的直観を自覚のようなある特異な瞬間のうちに見出していては、この問いに答えることができない。西田は、自覚については、「自覚する」という動詞を用い、その瞬間性を語るが、行為的直観については、「行為的直観的」という形容詞は見られるものの、動詞は用いられない。それは行為的直観が一つの行為の瞬間に結び付けられることを拒否していることの現れではないだろうか。行為的直観は、動作ではなく、行為によって物を見るという、世界と個物のあり方を指していると考えるべきである。それは個物と世界が不断に触れ合うという関わり方であって、それについて意識的であるかどうかはまた別の問題である。つまり先ほどの引用で西田が指摘したいのは、意識を鮮明にする自覚においても、意識に上らない習慣においても、われわれは行為的直観的に存在しているということではないだろうか。ラヴェッソンは内的意識の事実から、西田の弁を証明する。西田にとってみれば、行為的直観こそが、意識と習慣を繋ぐものである。

西田は、原初的に措定された自然から意識が派生して出てくるとは考えていない。行為的直観によって繋げられた意識と習慣も、すべて〈私〉という場所において経験される。それゆえ、われわれの瞬間と連続性に関する問いは、その〈私〉において、習慣的形成作用から意識的運動への推移はいかに行われるのか、と置き換えられよう。

ところで自覚には、時間が空間を否定することと同時に空間が時間を否定するという二重の否定が必要であった。それは、作るものと作られるものが絶対的に違う存在であることによって可能になるのであった。

もし今新たに、西田の言う作る行為をするなら、例えば意識しながら粘土で像を作ろうとするなら、作るものと作られるものとの間の違いは明瞭であろう。私の粘土を整える行為と、整えられる粘土とのあいだには二重否定による緊張がある。しかし自覚の瞬間と連続性との関係を考えるためには、今意志的に始めようとする行為に加えて、これまで続けていた連続的習慣的行為の中からどのように今、意志的に動こうとする瞬間が生じるのかを考察しなければならない。習慣的にものごとを行っているということは、新たに行為を行おうという意志が弱まっていることである。そこでは、作るものと作られるものとのあいだの違いさえ、見えていない。人はとくに何も考えずに惰性的に歩いているとき、根源的にはあるはずの、足を動かそうという意志と足の筋肉との相互限定的関係など全く気にしていない。しかし何も考えずに歩いていた人も、断崖絶壁を歩くときは、足の動かし方に細心の注意を払うだろう。そのとき意志と身体との相互限定的関係がはっきりと意識される。つまり、作るものと作られるもののあいだの絶対的な違いがあるから自覚が生じるというよりも、そのあいだにある違いに気付いたときに、自覚が生じると考えられる。

作るものと作られるもののあいだの違いに気付くためには、作るものが作られたものを自分とは違うものとして見るための契機が必要である。西田が伝統的な主観客観の対立を採らず、主体をすでに世界の中にあるものとして考える以上、作る〈私〉と作られたものは何かを契機として分かたれる必要がある。では、断崖絶壁を歩くときに自分の足が急に意識に独立したものとして立ち現れるのは、なぜ可能なのだろう。おそらく、このスライドを可能にするのが習慣によって意識の根底から極致まで広がっていることが明らかにされた行為的直観的なあり方である。例えば西田がある箇所で行為的直観と同一視している能動的習慣(40)は、ビランやラヴェッソンが述べていたように、能動的行為が繰り返されることによって習慣として無意識的行為に変わっていくことである。それは、作るものと作られるものとの相働くことによって築かれた関係を維持しながらも、意志が限りなく不在に近くなることで、作られたものが独立して現れることを可能にする。その結果、根源的にはあったものではあるが、改めて〈私〉が働きかける独立した項目として身体が目の前に現れる。自覚が可能になる。

習慣形成が行為的直観的になされ、能動と受動の相互限定的関係が意識の根源から意識の極致に至るまで広がっているからこそ、作るものと作られるものとの間にある絶対的差異は、ときに現れ、ときに意識されなくなると考えることができる[41]。ビランふうに言えば、自然発生的運動に「気付く」とき、意志的運動がはじまる。その「気付く」ことを可能にする機構が、行為的直観というあり方である。

第8章　覚知と自覚

ビランは、意志的運動に、自分自身についての直接的な知の契機を見出した。そのことの哲学的射程を問うのがわれわれの出発点であった。しかしビラニスムには習慣という連続性についての考察が欠如している。そしてそれを補うラヴェッソン形而上学もまた、肝心の覚知の瞬間を逃している点で、ビラニスムを十全に補完できるわけではなかった。では、前の章で見たように、ビランとラヴェッソンは後期西田のうちに果たして整合的に吸収されうるのだろうか。言い換えると、ビランの直接的覚知を追っていくと、西田の自覚に行き当たるのであろうか。西田哲学がビランの提示した問題圏に何かをもたらしたことは間違いないだろう。けれどもそこには、まだいくつかの問いが残る。まず、西田のもたらした解決は、ビラン的精神の要請として妥当かどうか。もし妥当であるなら、西田は、厳密に、ビランに何をもたらしたのか。あるいは、ビラン哲学の中で、西田に吸収されきれない箇所は本当にないのか。あるとすれば、それは西田哲学に何をもたらし、西田的精神にとって受容できるものか。これらの問いを改めて点検することで、本書が、ビラン哲学また西田哲学に対して、そしてそれらが共に追った問題圏に対して、寄与できることが明瞭になると思われる。

8-1　西田のビラン批判

ビランにおいて、〈私〉が〈私〉自身を知る、到達点としての覚知は、意志としての〈私〉が有機的抵抗に出会って自分自身に立ち返ることで、達成されるのであった。もう一度、ビランのテキストにおける該当箇所を確認しよう。

この能力を感じるとすぐ、超有機的な力は、自ら（自然発生的な）運動を行うことで、それを行使する。（自然発生的な）運動を行うとすぐ、超有機的な力は、自らの努力を抵抗とともに覚知する。超有機的な力は自らにとって原因であり、自らが自由に作り出す結果との関係において、超有機的な力は自我である[1]。

メーヌ・ド・ビランにとって、自我は、関係において気付かれるものであり、その関係とは、意志と抵抗の関係である。自分が意のままに操ることのできる抵抗に照らされて、自分が原因として浮かび上がる。抵抗にぶつかって自分に跳ね返されるこの構図を、ここでは二項的と呼ぶことにしよう。

それでは、われわれは、西田のうちにも同じ二項的構図を見出すことができるだろうか。前章で見た、作られるものが作るものを作ることを思い出せば、妥当であるように思われる。西田自身も「物来りて我照らす」と言っているではないか。しかし、先に結論を述べれば、西田は二項的構図に収まらない。西田において自覚が成立するためには、意志と抵抗の二項では足りない。そのことが論じられているのが、いわゆる後期西田哲学の幕開けを告げる『哲学論文集第一』の第一論文「世界の自己同一と連続」である。その西田の記述を追おう。

私の所謂形成作用即ち真の創造作用といふものが考へられるには、それに於て無数の人と人とが相対し相限定する世界といふものが考へられなければならない。私が個物と個物との相互限定といふ時、それは唯二つの個物を意味するのでなく、無数の個物を意味するのである。(2)

ここで西田は、二つの個物が互いに働き合うだけでは、真の創造作用はないという。しかし作るものと作られるものは、互いに相働き、相限定するものではなかったのか。作る行為に「無数の個物」はどのように必要で、どのように関わるのか。西田は、こう言う。

自己自身を限定する個物と個物とが相対する時、世界と世界とが相対する意味がなければならない。それが私の私と汝との対立といふものである。非連続の連続の媒介者によつて個物と個物とが相対するとき、そこに私と汝との意味がなければならない。是に於て歴史的世界は私と汝との世界と考へることができる。個物と個物との相対する時、それは私と汝と考へられる。併し個物は無数の個物の相互限定から基礎附けられるのである、個物は場所的限定によって限定せられるものでなければならない。無数の個物の相互限定に於て個物と考へられるものは、彼といふものである。唯二つの個物の間には世界といふものはない。歴史的世界に於てあるものとしての彼と彼とが弁証法的に相対する時、私と汝と考へられるのである(3)。

引用の前半部は、相対立する二つの個物について述べられている。それらは相対するとき、私と汝との意味を持っていなければならない。したがって作るものと作られるものも、作るものが作られたものに対して「私」であり、作られたものは作るものから見て「汝」である。これらの人称代名詞は、当該の関係が二つの個物の間でのみ生じる、当事者同士の関係であることを示している。けれども「併し」以降、引用の後半部では、その「私」と「汝」の出遭うところ、場所に重点が置かれている。「私」も「汝」も、個物は場所的限定によって限定されるものである。すなわち、個物の「於いてある場所」としての世界が、場所的に、言い換えれば素質的にしかじかのようなものとしてあることに基づいてのみ、個物は個物たりうるのである。「私」と「汝」はどこでもない場所で出遭うのではない。「私」の今まで生きてきた文脈の延長線上のある場所、特定の場所で、出遭うのであり、「汝」にとっても事情は同じである。その出遭いは、したがってその場所に影響を受けている。その場所が、無数の「彼」のいるところである、と西田は言う。無数の「彼」のいる場所が、世界である。

では、「彼」はどのように「私」と「汝」の対立に関わるのか。西田は続ける。

> 我々が意識的自己を否定して行為的自己の立場に立つといふことは、私が彼の立場に立つことである、私が彼となることである。我々の主観を客観化するといふ場合、かかる意味がなければならぬ（彼といふのは単に私と汝の分離の原理たるのみならず又客観化の原理である）。我々は彼の立場に於て主観的・客観的に物を見るのである。私が働くといふことは、私が彼の立場に立つことである。汝が働くといふことも同様である、汝が働くといふことは、汝が彼の立場に立つことである。斯くして私と汝とは彼の世界を通じて相交はる、非連続の連続の媒介者によつて相限定すると考へられる、主観的・客観的なる物の世界に於て相限定すると考へられるのである。物の世界といふのは彼の世界である(4)。

「彼」は、「私」と「汝」を取り巻く無数の個物である。いやむしろそこではまだ明確に「私」もなければ「汝」もない。群となって無尽蔵に自己形成する物である。その中で二つの個物が相対することによって、「私」と「汝」が生まれる。「私」と「汝」は「彼」の海から現れる。しかしその瞬間、「私」と「汝」は「彼」の立場を通るのでなければならないと西田は言う。物を作るときには、作られたものを見ること、すなわち作られたものの客観性を認めることが必要であった。「私」と「汝」の二項だけでは、客観性は生じない。二人しかいないところに社会はない。二つのものが異なるということは、第三者を立てることによって初めて知られる。第三者である「彼」を媒介として初めて、客観性が生じる。それが、「彼」が、「私と汝の分離の原理」であるだけでなく、「客観化の原理」と言われるゆえんである。

それゆえ、「私」と「汝」は、「彼」の媒介によって、主観的かつ客観的に存在することが可能になる。「私」が働いている主観的意識や、「私」が「汝」を感じる主観的意識のような当事者同士の感覚と同時に、「汝」が客観的に存在すること、その照り返しとして「私」が客観的に存在すること、つまり二つの個物をその外から見て限定するものが知られる。個物と個物が独立しながら相働くことができるためには、無数の「彼」という舞台が必要である。「彼」が社会性を保証し、また世界の要素である無数に動きゆく個物であることで、世界の歴史性を保証する。「彼」が、西田における第三項である。

このことは、西田のビラン批判にも繋がる。西田はかつて、ビランについて、こう書いていた。

メーン・ドゥ・ビランは既にデカルトのコギト・エルゴ・スムに代えるに、私が欲する、私が働くといふことを以てした。併し彼には私が汝を見ることによつて私であるといふことは考へられてゐない。彼の考へた私は社会的・歴史的でない(5)。

右に見た「彼」の議論を踏まえれば、この批判はすなわち、ビランには「彼」という第三項、客観化の原理がないことを示している。「私」が「汝」を見ることによって「私」であるということが考えられていないとは、西田的な意味での見ることの原理が考えられていないということ、「私」と「汝」を絶対的に分かちその独立性を保証するものがない、つまり二項をその「於いてある場所」から考える視点がないということである。この批判は、次に引用する「生命」の最後の記述にまで繋がっている。件の、ビラン以来の内的知覚の哲学と、西田自身の場所的論理が相互に「基礎附け」合っている、というくだりの直後である。

従来、此種の哲学〔内的知覚の哲学〕は論理性と云ふものがなかつた、主観的と考へられた所以である。それは意識と云ふものを深くその根柢に返つて考へて見なかつた故である。従来の哲学では、主観客観の抽象的対立の立場から出立する、無批評的に最初から自己と世界とが対立的に考へられて居る、我々の自己が世界の中にあることが忘れられて居る。私が考へることその事が、既に世界に於ての事実であるのである。意識は世界の自己形成の契機としてあるのである(6)。

〈私〉が考えることはすでに世界における事実である。意識そのものが世界の自己形成の契機である。世界における〈私〉という観点なしに、〈私〉ということ、あるいは〈私〉と共にある汝ということを考えても、それは主観的のそしりを免れない。社会的・歴史的な〈私〉を考えなければならない。以上が、西田のビランに対する批判、西田が二項的図式に収まりきらない理由である。西田においては、第三項が必要である。

8-2 「社会的・歴史的でない私」の意味

ところでこの西田によるビラン批判は妥当なのだろうか。本書の冒頭で確認したように、ビランの哲学的企図は、外界に左右されない〈私〉の能動性の領域の画定であった。

私は、もし何か継続的なものを企画できるとするなら、魂はどこまで能動的であるか、また魂はどこまで外的印象を変様させることができ、それらの強度を、魂がそれらに与える注意によってどこまで増加させたり減少させたりすることができるのかを研究し、また魂はどの点までこの注意の主でいられるのかを吟味してみたい。このような吟味は、おそらく、精神にとっての良き考察になるはずだと思われる(7)。

そしてその能動性の確かな領域は、外界から独立したところに見出されたのであった。

この本質的性格〔有機的抵抗と意図された努力が分離不可能であるという原初的二元性〕は、基礎的関係の二項のいずれも外的印象に必然的に依存していないことによる。したがって自我についての知は、その原理において、外的世界についての知と区別されうる。(8)

外界の事物に翻弄されることなく、少なくとも自分のものだと確信の持てる領域を画定すること、もっと言えば、外界の事物に影響を受けない領域の画定が、ビランの目指すところであった。ならば西田がビランに向けた、歴史的でないとか、とりわけ社会的でないなどという批判は、むしろビランにとって的外れな批判であるだろう。それこそビランの望むところだったのだから。

だがここで、西田の批判が本当にお門違いだったのかを考える必要がある。ビランの言う外界に動じない領域は、いかにして形成されるのか。それは意志的運動における意志と有機的抵抗によって形成されるのであった。どうしてその形成が可能であったのか。それは、いずれも原因が私であるものだからである。そのことによって二つの覚知を持つことができ、原因と結果を把握できるからである。これは、ビランにとって、他の何にも邪魔されない〈私〉だけの経験、内奥官の原初的事実である。

しかし、この〈私〉だけの経験と、少なくともビランならそう言うであろう経験について、もう少し立ち入って考えてみよう。本当にそれは〈私〉だけによって構成される、〈私〉だけの経験なのだろうか。とりわけ、有機的抵抗は、本当に〈私〉なのだろうか。もちろんそれが〈私〉の身体であることは間違いない。けれども、それは〈私〉の意志や能動性と同じ資格で、〈私〉であると言えるのだろうか。言えないはずである。

すでに見たように、固有身体は能動性を構成するのに欠かせない要素であるが、しかし能動性そのものではない。固有身体は、能動性を構成する要素であると同時に、外的諸印象の受け皿であることで、受動的経験の成立要件でもある。能動的経験と受動的経験のどちらにも必要でありながら、どちらにも回収されえないのが、固有身体であった。

このことは、ビラン自身が固有身体の両義性として、指摘することでもある。すなわち身体とは「内的覚知の原初的で真に基礎的な項でありながら、表象という複合的で二次的な外的覚知のそれでもある」[9]、と。内的覚知の基礎的な項であるとは、意志に抵抗することで〈私〉の〈私〉についての知を構成することであり、他方、外的覚知のそれであるとは、印象の局所化を基礎付けるものである。すなわち、それぞれ、到達点としての覚知における固有身体と起源としての覚知における固有身体に対応している。

それぞれの覚知における努力が、同じ原理の異なる様態であるように、固有身体は努力に合わせて、適宜、現れ方が変わる。同じ瞬間においても、異なった現れ方をするだろう。私が、窓の外の小鳥の声を聞きながら何かを書いているとき、書く方に注意すれば、手の動きは次第に、私の手を動かそうという意志に対して敏感になってくるだろうが、そのぶん小鳥の声を聴く耳は、起源的覚知における固有身体のレベルに落ちていくだろう。逆もまた同様である。努力は随所で、意図されたり、緩まったりする。固有身体は、そのたびに、いく重もの層において現れ方が変わる。

では、どのようにその現れ方が変わるのか。一つは、意志の注意にもよるだろう。けれども、より大きなパースペクティブからは、習慣によることを無視できない。ラヴェッソンと西田とともに見たように、習慣は、意識の及ばない、意識の根底にある存在様態そのものである。過去の様々な〈私〉の経験が、習慣となって〈私〉の身体に蓄積される。意志的運動すら、その影響を免れることができないのは、能動的習慣が、意識の誕生を可能にすることからも明らかである。〈私〉が運動するその瞬間の〈私〉の意志に抵抗する有機的身体は、急に意志の目の前に現れた新参者ではない、それは〈私〉の過去のあらゆる経験による変化を蓄積している〈私〉の身体である。〈私〉の今まで被った経験は、世界と〈私〉の関係史である。その意味で、身体は、〈私〉の身体でありながらも、今まで経験した外的事物の産物でもある、時空間の大きな生産的流れ、作られたものから作るものへの運動の中にあるのである。西田は言う。

我々の行為そのものが物の世界から起る(10)。

ビランは、自我についての知は外的世界についての知から分離されると言ったが、西田にとっては、そうではない。西田にとって自覚することは、ものを作ることによる。自己形成してゆく世界のその自己形成作用を担う要素として働くことによる。つねに行為的直観的に外の世界と触れているわれわれ、無数の彼の中にあるわれわれは、その中のある個物と私‐汝の関係をむすぶことによって物を作る、自覚する。ビランの言う意志的運動は、その私‐汝の関係が意志と固有身体である場合である。〈私〉が原因で結果である運動においても、その根源には物の世界がなければならない。それが「私」と「汝」の現れ来る由来だからである。また「私」と「汝」の働きの結果も、厳密には「私」と「汝」のあいだの変化にとどまらず、この物の世界に還元されてゆくものである。

もちろんだからといって、ビランが覚知において、〈私〉の能動性の領域が画定されると断言したことは、誤りではない。意志的運動は、少なくとも意識の上では、〈私〉が〈私〉を知る瞬間である。ただ習慣の範囲は、意識の深淵まで及ぶ。つまり、意志的運動において〈私〉が〈私〉であると直接的に知ることの根底には、習慣があるということである。

この意味で、西田の言う「歴史的・社会的」な「私」は考えられるべきである。ビランにおける「私」が「於いてある場所」を欠いているとは、すなわち、われわれが第6章の冒頭で指摘した、習慣の欠如に他ならない。

この能力を感じるとすぐ、超有機的な力は、自ら（自然発生的な）運動を行うことで、それを行使する。[11]

ビランがこう述べるところの、その自然発生的な運動を成り立たせる根底には、習慣の力がなければならない。固有身体を通して、われわれは習慣を形成し、その行為的直観的あり方によって、西田の言う社会、歴史に繋がるのである。

8-3　想像される、ビランの西田批判

ところで西田と違って、ビランは固有身体にこだわった。ビランにとって、固有身体と外的事象は厳密に別のものであった。このことは、現在のわれわれの議論において、何を意味しうるだろうか。

そのように考えるとき、まず、固有身体と習慣作用の関係が注目に値する。すでに習慣の形成過程について見たことから明らかなように、固有身体がなければ習慣はなく、習慣がなければ固有身体はない。情感における身体、感覚や知覚を支える身体、〈私〉の意のままに動く身体、自然発生的運動を行う身体……、ビラン哲学に登場するこれらの身体はすべて同じ身体の異なる様相である。〈私〉の身体が、意識の状態によって現れ方を変える。それは同時に、〈私〉の身体がしかじかの様相を呈するからこそ意識の状態が定まることでもある。身体の同一性が、ビランにとっては大切である。なぜなら能動性である意志としての〈私〉が自然発生的運動に気付き、それを実行することができることの根拠には、様々な運動が同一の身体において生じていることがなければならないからである。一見自明のことに思

われるこの身体の同一性が、習慣的作用と相まって、ビランにおける能動性の推移を可能にしている。また西田哲学に鑑みれば、身体の同一性は、自覚の一回生を支えるものでもあることがわかるだろう。身体という「場所的有」のかくかくしかじかという具体的な状況において、今ここの自覚が可能になる。

次に、固有身体と外的対象を区別せずに物を作ることに関する議論を展開した西田に対して、ビランは、最初に作られる物は、固有身体であるべきだ、と言うだろう。まず西田の議論を確認しよう。西田は、「生命」においてノワレLudwig Noiré（1829-1889）を引きながら、表現作用とは、正確には、道具を作ることであると言っている。道具は人間身体の機能の外化であり、したがって人間という作るものとの関係においては作られたものである。しかしながら、西田が言うように、人間は、先に自らの身体機能を知っていて、それを道具に投影するのではない。むしろその逆である。人間が自らの機能を外部に投影し、その投影されたものを見るからこそ、彼は自らの身体機能を知るのである。したがって人間は、外部に道具を作ることによって、自らを知る。外を発見するほど、彼は内を知るのである。

道具を作る所に、我々の生命の事実がある。而して外に物を作ることは、内に深くなることである。(12)

自らによって作られた物を見ることによって、自覚する。

この道具を作ることに関して、西田は何が最初の道具であるのかを明確にしない。おそらく西田にとって重要であったのは、表現行為と自覚の関係であって、何が作られるかは問題ではなかった。理論的には、何を作ったとしても、その作られたものは作るものをして自らを知らしめ、自覚に繋がる。しかしビランにおいては、もちろん固有身体が最初に作られる道具でなければならない。

むしろ、ビランにとって最初の記号は身体である。ここで、ビランにおける道具の理論を確認しよう。先ほどから取り上げている道具という概念は、ビランの術語では記号signeに当たるだろう。すでに第I部で見たように、記号とは、赤ん坊の泣き声のように、望ましい結果を持つために自分で調整することのできる原因のことであった。またそれは一度制定されるだけでは十分ではない。しかじかの結果を持つために、どのような行為を取るべきかを考えて、記号そのものを変様させ続ける必要があるのであった。

記号は、赤ん坊の例では、泣き声を上げることと他人がやってくることを、つねに繋ぐ装置として考えられている。他人がやって来るという結果を持つために、どのように声を上げればいいのか調整するということは、すなわち望ましい結果を持つために原因としての自分の行為を調整することである。自分の行為を調整するとは、自分の発するものとしての声と自分が聞いている声とのあいだの調整である。そしてこの調整は、声を介して行われる。むしろ声という記号によって、発する〈私〉と聞く〈私〉が繋げられると同時に分離されるのである。したがって記号は、原因（私が泣く）と結果（人が来る）の繋がりにおいて登場したのち、その繋がりを確かなものにするために、原因の行為（私が泣く）の内実についての反省を促す。その中でようやく個人は、〈私〉が発する声と〈私〉が聴く声の関係に注目する、反省する。

赤ん坊の例では、まるで知性の発達段階に記号制定が位置しているように思われるが、よく考えれば記号の制定はいかなる行動にも適応することができる。それは、われわれが何気なしに行っている行為、発話であれ、振る舞いであれ、それについて、何らかの瞬間に意識的になる場合や、またその契機が、われわれの想像しなかった結果に遭遇した場合を考えれば、納得されるだろう。

ビランはこうも書く。

たとえ個人が、彼が存在していること（………）を内的に感じたり覚知したりしていたとしても、彼が彼の存在について判明な観念ないし概念を持つのは、ただ彼が固定された仕方で、この原初的判断を「自我」とか「われ存在す」といった恒常的記号に結び付けたときである、ということは真である。そしてこの記号が意志的に反復されればされるほど、同じ自我が彼自身の前に、内密な反省の行為によって現れるのである。(13)

〈私〉が存在していることを内的に感じているだけでは、〈私〉の存在についての判明な概念は持てない。そのことを判明に知るためには、「自我」とか「われ存在す」という言語記号を介さなければならない。

記号を立てることで、それを立てる〈私〉が知られる、とビランは言う。記号はつねに〈私〉の意のままになってしかじかの結果をもたらすと同時に、記号の発動そのものによって〈私〉自身を知らしめる装置である。西田が、「外に物を作ることは、内に深くなることである[14]」といったこの事態を、ビランは記号の制定によって論じていると言えるだろう。

さて、第I部の最後で、われわれは最初の記号としての身体を指摘しておいた。身体を記号として見た場合、ある身体運動を記号として使用できることに主体が気付き、そのためにその身体運動を洗練させてゆく過程が想定できる。身体が起源的であるのは、有機的抵抗は、意志する主体が最初に出会う自分以外のものであり、なおかつ自分の意志で(物理的限界はあれども)動かせるものであるからである。身体は、意志的運動が起源的な反省であったように、起源的記号とさえ呼ぶことができるだろう。声に比べて身体運動はさらに〈私〉にとって直接的である。ビランは、声ならほとんど、外的事物の影響を受けないと考えたようだが、それでも空気抵抗がなければ声は成り立たない。極端な例だが、音を伝える空気のない真空空間の中で、声を発したとしても、それは反省には繋がらない。しかしそこでも、記号としての身体運動を介した意志的運動は反省として成り立つ。固有身体は〈私〉が生きているという事実に直結している。〈私〉は身体なしには生きられない。起源的反省としての意志的運動こそが、身体として〈私〉が存在していることを直接的に開示するものである。

では道具の属性についてとくにこだわらなかった西田と、最初の道具は身体であると考えたビランでは、そのもたらす結果はどのように異なるだろうか。ビランが固有身体による有機的抵抗と外的事物による絶対的抵抗を区別した理由は、すでに様々な角度から確認してきた。同じように力における運動と抵抗の関係が知を構成すると考えたにも拘らず、絶対的抵抗しか見出さなかったデステュット・ド・トラシに対しては、身体についての知がすでに二項から成る関係であることを指摘するためであった。エンゲルに対しては、一度の意志的運動の中に因果関係の原型があることを示すためであった。もちろんこれらの批判は、西田においては、文脈によって、作られるものが身体であったり外的事物であったりするので、西田に向けることができるわけではない。西田に対してビランが提示できるのは、絶対的抵抗に対する有機的抵抗の原初性、意志的運動の特殊性である。意志的運動によって、意識的生命の自己同一性と有機的生命の自己同一性が、分かち難く知られること、そこにおいて自己の生命に触れるという特殊性である。

西田のビランに対する批判が、有機的抵抗とはすでに世界の一部であること、すなわち外部へと繋がっていることを十分に考察していないことに対する指摘であったら、西田に向けて生じうるビランの批判は、その有機的抵抗はけれどもやはり完全に外部に回収されないことであり、内的に感じられるもの、身体としての自分のあり方を開示する唯一のものでもあることを喚起する。

8-4 受動的経験

以上で、われわれは、ビランにおける意志的運動が、西田において作ること、すなわち創造として深められることを見た。意志的運動によって、われわれは世界の自己形成作用に参加する。運動において〈私〉が〈私〉を知ることは、〈私〉の身体のあり方を作ること、あるいは〈私〉の身体を通してものを作ることである。そのとき運動は、身体として生きる〈私〉について内的直接的に覚知させるだけでなく、同時に世界そのものが生成発展することに参与せしめる。習慣〔歴史的世界の形成作用〕と覚知〔自覚〕についての議論を踏まえると、この世界の中で〈私〉が意志的に運動するということには、世界の自己形成に参加する意味がなければならない。

ここで、ビランの出発点に戻って、われわれの結論が、はたして最初の疑問をどこまで解くことができたのかを吟味してみよう。ビランの初意とは、気分に左右されず、〈私〉がその主であると確信できる領域を画定することであった。

能動的経験の意味するところを追ってきたわれわれにとって、次に重要なのは、受動的経験の内実である。というのもどのような受動的経験に対して意志的運動が意味を用いるかを画定することが必要だからである。

ビラニスムから出発したわれわれの考察では、受動的な体験とはまず情感であった。情感から発して、いかにして〈私〉が〈私〉であることについての直接的な知に至ることができるか、がビランの問いであった。しかし、ビランの哲学の著作で描かれている情感は、ビランの日記にあった気分と、本当に一致するのだろうか。ビランは、情感を次のように定義していた。すなわち、「快と不快のあらゆる単純で絶対的な様態[15]」、「純粋に感性的ないし動物的な生命を、あらゆる自我の参与の外で、したがって外的存在とともに知られるあらゆる関係の外で、構成するもの[16]」、ほかには、「完全な感覚から人格的個体性ないし自我と、時間と空間というあらゆる形式（……）を分離したときに、残るすべてのもの[17]」、「それ自身絶対的に快か不快であるもの[18]」である。いずれも、人格としての〈私〉の不在がキーワードになっている。〈私〉の不在において、絶対的な快や苦を感じるのが、情感である。しかしそれを文字通り受け取り、情感は自我についての覚知のない状態に感じられるものとしてしまえば、情感は、当初ビランが問題にしていた、われわれが実際に生きているうちに受動的経験として受け取るものの一部でしかないことになってしまう。なぜならそれは、受動的に感じるもののうち、人格的自我が不在のものに限られるからである。また情感は、一重の生命に由来すると言われていることから察すれば、器官的生命に由来するものであることも、併せて確認しておこう。

　しかしながら、当然、われわれが現実の世界で被る受動的経験のうちには、人格的自我と共存するものもあるのも事実である。例えば深い哀しみやこの上ない悦びなどは、いずれも〈私〉にとってどうすることもできない受動的経験であるが、それは、〈私〉が〈私〉であることを保ちながらも、感じられることである。ここには、人格的自我の不在は認められない。われわれは、身体的に非常に健康なときであっても、気分が沈むことはある。その気分の上下は、〈私〉にはどうしようもできない点で、絶対的に受動的な経験と言えるだろう。このような気分は、情感に含まれないのだろうか。

ビランははっきりと述べていないが、次のように解釈することは可能であろう。すなわち情感の特徴である人格性の不在を、原因が〈私〉にないこと、と置き換えること、その上で、自我の経験を多層的に考えることである。ビランの体系は、自我の発展に沿って線的に展開されているので紛らわしいが、自我の発展レベルは、ある瞬間にある特定の段階にのみあるのではなく、本来なら多層的であるはずである。例えば私が花の匂いしか感じていないというのは抽象でしかない。本当の私は花の匂いを感じながら陽の光を浴びて、かなり意識的に歩いていて、それらすべてについて、自分では抑えることのできないある種の心地よさを感じているかもしれない。その場合、嗅覚や触覚については感覚あるいは知覚のレベルであるかもしれないが、歩いている限りで私は運動の中で私について直接的に知っており、そして心地よさという情感的経験をしていることになる。現実に生きているわれわれは、文字に書き起こすことさえ不可能な様々な微細な体験を生きている。そのそれぞれの体験において、意志と受動が重なり合って、われわれの意識が構成される。多層的経験において、われわれは覚知しながら、情感的経験を生きているのである。

ただし、そのような多層的経験においても、少なくともどこかで意志的運動を行っている限りで、受動的経験に完全に呑み込まれることはない。夢はビランにとって代表的な情感的経験であるが、寝言を喋り続けることができる人は、自分の言っている寝言を聞いていない。少なくとも自分の発話の結果として聞いていない。それゆえ夢という情感的世界にとどまり続けることができる。しかし寝言を自分の発話と認識してしまえば、原因としての自分について覚知してしまい、それによって夢から覚めるだろう。逆に、自分の声によって起こされる人、長い寝言を言うことができない人は、自分の声を聞くことによって能動性としての自分について覚知してしまうために、夢の世界から引きずり出されると解釈できる。

しかし上記のような多層的経験という解釈が可能であっても、情感が一重の生、器官的生命、有機体としての生命に由来するものである限り、それは本質的に有機体にとって心地よいか否かを基準にしているものである。人間にのみ二重の生が可能であったことの裏返しから、一重の生による情感は、動物にも人間にも共通のものであることがわかる。しかし人間にとっての受動的経験は、そのようなものとしての情感だけに限られるのだろうか。そして意志的運動は、そのような器官的生命に打ち勝つことだけが、意識におけるその役割なのだろうか。例えばビランは、社交界において上手く振る舞えない自分に対して苛立ち、それについて苦しんでいた。そのような苛立ちや苦しみもまた、やはり自分の手に負えない受動的経験の一つであるが、これらは器官的な生命に由来するものではないし、動物にも感じられるものとも思えない。意識的生命を営む人間に特有の受動的経験であるように思われる。人間には、健康であっても感じられる苦悩がある。したがって情感という枠組みは、それが一重の生とともに語られる限り、人間に生じるすべての受動的経験、ビランを悩ませていたすべての受動的経験、思惟の可能性を脅かすものを含意することにはならない。ここまでの論考で見出された、外と共に内を知るという意志的運動、ビランがその哲学的主題の一つとした意志的運動は、結局人間を悩ませる受動的経験を前にしては、それほど役に立たないのだろうか。

ここでも、西田の考察が一石を投じることができるだろう。西田は、〈私〉のコントロールできない苦悩について、われわれが生きているという事実から出発して説こうとする。それは、やはりビランにおける意志的運動ほどの精確さを欠くのであるが、他方で気分を生命現象の一部として捉える試みでもある。西田における思惟の不可能性の可能性を見ていこう。

西田その人の個人的生には、ビランとはまた別の苦しみがあった。青春時代の挫折だけでなく、父との確執、子供の夭折など、その人生は、輝かしい哲学的業績とは裏腹に、「悲哀」に満ちたものであった[19]。論文「場所の自己限定としての意識作用」（一九三〇）の最後は、次のようにしめくくられている。

哲学は我々の自己の自己矛盾の事実より始まるのである。哲学の動機は「驚き」ではなくして深い人生の悲哀でなければならない[20]。

深い人生の悲哀は、単にある事柄に反応して起こった一感情としての悲しみではない。それは「我々の自己矛盾」に根付いている。それゆえに深い。その深さは、よく知られた西田の次の歌の中にも現れている。

わが心深き底あり喜も憂の波もとゞかじと思ふ[21]

ここで、喜びや憂といった到来しては去る感情は、心の表面をたゆたう波として表現されている。けれども水面の波に全く動じない海底の静けさのように、心の深いところには、人生の悲哀がある。われわれが探している、自己意識を保ちながら感じられる絶対的受動性の、西田的表現と見ていいだろう。ではその深い悲哀とは何であるのか。

最後の論文「場所的論理と宗教的世界観」(一九四六)で、西田はこの問題に正面から取り組む。西田はこう記している。

私は我々の自己存在の根本的な自己矛盾の事実は、死の自覚にあると考へるものである。[22]

あらゆる生物は死ぬ。人間は自分が死ぬことを知っている。「生きるものは、死するものでなければならない。それは実に矛盾である。併しそこに我々の自己の存在があるのである」[23]。生きることは死ぬことである、これほどの不条理があるだろうか。しかし、そのように理解するだけではまだ自己を対象として立てて考えているだけ、つまり頭で理解しているだけである。西田の言う「死の自覚」は、まさに自分が死ぬことによって生きているという事実に接することである。すなわち直観によって、一挙にすべてを受け取ることによって、各瞬間死ぬことによって生きているという事実を、自己自身のこととして生きることである。それが人間の「死の自覚」、悲哀の正体である。西田はこのことによって、動物と人間を峻別する[24]。

では、人はどうやって矛盾を生きるのか。西田は、それを宗教に求めた。もとより西田は、『善の研究』以来、宗教的体験があらゆる他の体験の基礎であると考えていたが、「場所的論理と宗教的世界観」という西田の最後の論文は、その宗教について、西田なりの解釈をかなり整合的に示したものである。西田にとって、宗教とは、教会に行くことでも、座禅を組むことでもない。ましてや道徳の補助機関でもない。それは、ここまで見て来た「悲哀」と対する手段である。「悲哀」は、われわれの生死と関わる点からもわかるように、われわれの存在そのものに深く根ざしているものである。意識的な人間において明瞭に現れるものである。それについて意識的になればなるほど、人は宗教的になるというのが西田の考えである。

ではそのような宗教は、いかにして人間が、襲い来る悲哀に立ち向かうことを可能にしてくれるのだろうか。西田は、「我々の心は、本来、神と悪魔の戦場である[25]」と断った上で、その戦いをこう述べている。

絶対的矛盾的自己同一であるのである（……）[26]。〔西田の言う神は〕所謂神性Gottheitの如きものを云ふのではない、自己自身に於て絶対の否定を含む

周辺なくして到るところが中心となる、無基底的に、矛盾的自己同一的なる球が、自己の中に自己を映す、その無限に中心的なる方向が超越的なる神である。そこに人は歴史的世界の絶対的主体を見る。その周辺的方向が、之に対して、何処までも否定的に、悪魔的と考へられるのである。故にかかる世界は何処までもデモーニッシュなるものに満ちて居ると考へられるのである。我々の自己は、かかる世界の個物的多として、悪魔的なると共に神的である[27]。

神は、自己の中に自己を映す方向に見出される。すなわち意志的な自己が自己決定をなす方向である。逆にデモーニッシュなるものとは、遠心的方向、神の自己決定を脅かすものである。どのように脅かすのか。別のところで西田は、「直観的世界の底には、悪魔が潜んで居る[28]」と言って、行為的直観になぞらえて神と悪魔の対立を述べている。すなわち直観とは、作用がわれわれに向かい来ることであり、

「我々の行為を惹起し、我々の魂の底までも唆すものである」[29]。直観によって、われわれは意志による決定を奪われ、与えられた世界に流され、直観的世界に翻弄される。直観は「我々の魂の譲与を迫り来る」[30]のである。したがって、神と悪魔の対立は、意識と本能のそれでもなければ、倫理的な善と悪のそれでもない。自己決定つまり自覚の際に現れる、直観と決定の対立である。

また神的な自己決定とは、悪魔的苦悩の消去を意味するのではない。「彼」の議論からもわかるように、否応無しに迫り来る、無数の彼の群れに対して、その中から私-汝関係を築くことで、暫定的調和を試みる方向である。私と汝の関係が立てられる瞬間、苦悩は調和に変わる。したがって私と汝の関係が語られるとき、局面はすでに神に傾いている。このように宗教は、襲い来る悲哀に対して受けて立つこと、歴史の主体として生きること、自己の行為に対する責任主体として生きることを教えるのである。これが、自己自身についての知がある状態でも訪れる受動的経験を生きるための、西田の答えである。

西田によれば、われわれの自覚の底には、神による自己決定がある。われわれの自己決定は、その射影点にすぎない。つまりわれわれの議論に立ち戻れば、意志的運動も西田的な意味での神の自己決定、歴史的世界の形成作用における自己決定の射影点である。したがってわれわれが意志的に運動するということは、単にその瞬間における〈私〉自身についての直接的知を得ることが含意されるのみならず、意志的に動くことができること、あるいは意志的に動くことを支えているものが含まれているのでなければならない。そのことによって、われわれは自分自身について知ることができる。

先ほど、器官的生命に対する意志的運動の効用として、少なくとも運動をしている自分自身についての直接的知を持つことができ、それによって受動的経験に完全に呑み込まれることがないことを確認した。同じ効用を、「死の自覚」に由来する苦悩に対しても認めることができるだろう。たとえ苦悩が襲ってきても、少なくとも自分自身については知り、自己自身の決定の責任を持つことができる。それによって、たとえ苦悩は構造的に無尽蔵であったとしても、覚知の一瞬は、完全に苦悩に呑み込まれてしまうことはない。意志的に働く主体としてある。そう考えると、意志的運動による能動性の領域の画定は、これら二種類の受動的経験に対して有効であるはずである。

悪魔と神の議論で西田は、自己成立の成功に並んで失敗の可能性を論じている。悪魔的直観、身に迫り来る印象に自己決定の契機を握られてしまうことが失敗であり、その中でも自己決定の決定権を握り行使することが成功であると言えるだろう。

意志的運動は、その主体に対して身体として生きる〈私〉自身を知らしめ、世界の形成作用の形成的要素として参加せしめ、そのことによって世界の中で責任主体として生きさせる契機であると考えられる。

註

はじめに

（1）Jocelyne Vaysse, *La danse-thérapie: histoire, techniques, théories*, Harmattan, 2006.

（2）Paul Valéry, *Degas, Danse, Dessin*, Gallimard, 1965.

（3）二〇一一年十月二十四日、フランスのラジオ局France Cultureで放送された「忘れられた四人の十九世紀の哲学者」特集に、ビランは見事選ばれている。なお、残りの三人はデステュット・ド・トラシDestutt de Tracy (1754–1836)、ロワイエ・コラールRoyer-Collard (1763–1845)、ジョゼフ・ド・メーストルJoseph de Maistre (1753–1821)。放送は以下のサイトで聞くことができる。https://www.franceculture.fr/emissions/les-nouveaux-chemins-de-la-connaissance/quatre-penseurs-oublies-du-xixeme-siecle-14-maine（二〇一八年三月二日参照）

（4）ビランの生涯については、次の書に詳しい。Henri Gouhier, *Maine de Biran par lui-même*, Seuil, 1970. 翻訳は次の通り。『メーヌ・ド・ビラン　生涯と思想』大崎博・藤江泰男・益邑齋訳、サイエンティスト社、一九九九年。

（5）一般にフランス・スピリチュアリスムの論者と考えられる哲学者たちは多岐にわたっているが、少なくとも物質的、生理的機能には還元できないものの存在を措定する態度において共通している。なお一般に「唯心論」と呼ばれるものは、存在の本質を精神的なものに求める考え方であり、フランス・スピリチュアリスムとは異なる。Cf. *Vocabulaire technique et critique de la philosophie*, André Lalande, PUF, 2013（初版は1926）.

（6）Michel Henry, *Philosophie et phénoménologie du corps*, PUF, 2011（初版は1965）.

（7） Pierre Pachet, *Les baromètres de l'âme, naissance du journal intime*, Le bruit du temps, 2015（初版は1992).

（8） Maine de Biran, *Œuvres de Maine de Biran*, F. Azouvi éd., J. VRIN. 一九八四年（tome V, tome VI）から二〇〇一年（tome VII）にかけて刊行。以下、この全集からの引用は*Œuvres*と記し、巻数と頁数を挙げる。

（9） 例えば一八一五年五月十三日の日記。「それぞれの季節には、それぞれに適した外的感覚の種類や秩序があるだけでなく、存在の基礎的な感情のある種の様態さえもがある。それは季節に類比的で、同じ季節が巡ってくるとかなり規則的に再生産されるものである」(Maine de Biran, *Journal*, vol. I, Baconnière, 1954, pp. 77-78)。

（10） 「「どうして会合で全くお話にならないのですか」。皆が私にこう尋ねる。そこで私はあるいは直接的に、あるいは間接的に、答える。馬鹿なことを言わないために話さないのですと、答える……すでに多くの人が私に代わってそれをしているのだから！　私は、本性からして、おしゃべりによって他の人に影響を与えるようにはできていないのである。身体的気質、臆病さ、自身の素質に関する自信の絶対的な不足、ただちに参加したり決心したりすることのできない性格的な不確かさ、他の人をして演壇に立たせ、雄弁に何かを語らせるような激しい情熱の欠如。つまり、考えを、きちんとした文章で、かつ即興的な文章に落とし込む習慣の不足。これが、私を沈黙させ、私たちの会合のような場所で役を演じることをためらわせる障害の一つである。しかしながら、皆の視線がこの会合に注がれているとき、また立派で善意のある発言者が素晴らしい評価を得るとき、彼らに向けられる賛辞の声は、また私に向けられる批難の声でもある。このような比較には、自分を恥ずかしく思うばかりである」（一八一四年十二月初旬の日記。Biran, *op. cit.*, p. 30)。

（11） 「何かをするために生まれて、そして何もしなかったと考えることは寂しいことだ！　……続けざまに起こるあまりにも多くの出来事のせいで、支離滅裂で、苛立って、動揺させるばかりの生活様式が、私を思索の楽しみから引き剝がし、あらゆる進化を狭めてしまった。私は感じている、最近の状況が私に強いる社交的で外的な生活は、私の残された日々に多大な影響を及ぼすだろう」(一八一六年一月二十九日。Biran, *op. cit.*, pp. 102-103)。

(12) Maine de Biran, *Journal*, vol. III, Baconnière, 1957, p. 6.

(13) Maine de Biran, *Œuvres de Maine de Biran accompagnées de notes et d'appendices*, Pierre Tisserand éd., F. Alcan, puis PUF. 一九二〇年 (tome I) から一九四九年 (tome XIV) にかけて刊行。

(14) 西田幾多郎『西田幾多郎全集』第十九巻、岩波書店、二〇〇六年、四頁。

(15) 西田とビランを繋ぐ論考は、すでに次の二つがある。いずれも西田哲学をビラン哲学に照らし合わせて浮かび上がらせる試みである。

山形頼洋・三島正明『西田哲学の二つの風光——科学とフランス哲学』萌書房、二〇〇九年。

Kuroda Akinobu, *Enjeux, Possibilités et limites d'une philosophie de la vie: Kitarô Nishida au miroir de quelques philosophes français*, thèse, Université de Strasbourg, 2003. 現在はANRT (Atelier National de Reproduction des thèses) にて入手可能。

(16) 西田幾多郎『西田幾多郎全集』第七巻、岩波書店、一九七九年、一七四頁。以下、同全集については『西田幾多郎全集』と記し、巻数を挙げる。

(17) ビラニスムの開始は、正確には一八〇四年三月二十三日から四月二十五日のあいだと、グイエは推定している。Cf. H. Gouhier, *Les Conversions de Maine de Biran*, J. VRIN, 1947, p. 169.

(18) 学士院、歴史・古代文学部門が出した「思惟能力をいかに分解すべきか」という課題に対する応募論考。一八〇五年三月八日に受賞論文とされるも、出版は未知の事情により途中で断念。

(19) ベルリンアカデミーが出した「直接的な覚知は存在するか」という課題に対する応募論考。アカデミーはビランの論文に対してメダルを授与。ビランの生前は未刊。

(20) コペンハーゲンアカデミーが出した『人間の身体と精神の関係について』という表題で論考を提出。受賞論文となる。ビランの生前は未刊。

（21）前三作を総括しようとして、一八一一年頃書き始めたと思われる。一八二三年にもまだ手を加えた跡がある。ビランの生前は未刊。Cf: Maine de Biran, *Œuvres*, tome VII, *Essai sur les fondements de la psychologie*, J. VRIN, 2001, p. IX.

（22）『西田幾多郎全集』第八巻後記によれば、『哲学論文集第二』に収録されている論文は一九三五年一月から三月にかけて発表されたものであり、少なくとも一九三四年末には完成されていたと思われるが、一九三四年の日記に記述がないので、明らかではない。西田幾多郎『西田幾多郎全集』第八巻、岩波書店、一九七九年、六二八頁。

第1章

（1）Cf: Henri Gouhier, *Maine de Biran par lui-même*, Seuil, 1970. 翻訳は次の通り。大崎博・藤江泰男・益邑齊訳『メーヌ・ド・ビラン　生涯と思想』サイエンティスト社、一九九九年。

（2）Paul Marx, «Maine de Biran (1766–1824), fondateur de la Société médicale de Bergerac», *Histoire des sciences médicales*, Tome XXXII, No. 4, 1998, pp. 385-386.

（3）ピエール・シャールトン『フランス文学とスポーツ』三好郁朗訳、法政大学出版局、一九八九年。

（4）例えば、ガブリエル・マディニエは「メーヌ・ド・ビランのスピリチュアリスムが形成されたのは生気論の枠内においてである」と述べている。Gabriel Madinier, *Conscience et Mouvement*, F. Alican, 1938, p. 75. またアンリ・グイエは逆説的に、「ビランの日記において生理学関係の記述が完全に抜け落ちているのは奇妙である」と書いている。Henri Gouhier, , *Les Conversions de Maine de Biran*, J. VRIN, 1947, p. 85.

（5）François Azouvi, *Maine de Biran, La science de l'homme*, J. VRIN, 1995.

（6）ビシャの次の書におけるアンドレ・ピショ（André Pichot）による序文を参照。Marie François Xavier Bichat, *Recherches physiologiques sur la vie et la mort*, GF-Flammaion, 1994, p. 10.

（7）Roselyne Rey, *Naissance et développement du vi-*

talisme en France de la deuxième moitié du 18e siècle à la fin du Premier Empire, Voltaire Foundation, 2000, p. 403.「生気論とは、歴史的には十八世紀に、医機械論、医化学論への対抗を具現化し、とりわけ百科全書などの媒体を通じてこれらに決定打を与えた運動のことであった」。

（8） Jean-Joseph Ménuret de Chambaud,「Œconomie Animale」の項目。*Encyclopédie*. xi. p. 364b.

（9） *Ibid*.

（10） *Ibid*.

（11） *Ibid*.

（12） Ménuret, *op. cit*., p. 363b.

（13） Georg Ernst Stahl, *Vraie théorie médicale, Œuvres médico-philosophiques et pratiques de G-E Stahl*. éd. et trad. par T. Blodin, 1864 (2e éd.). iii. p. 30

（14） Ménuret, *op. cit*., p. 364b.

（15） *Ibid*.

（16） Paul-Joseph Barthez, *Nouveaux Eléments de la Science de l'Homme*, Jean Martel, aîné 1778.

（17） Barthez, *op. cit*., p. 1.

（18） Barthez, *op. cit*., p. 4.

（19） Barthez, *op. cit*., p. 41.

（20） *Ibid*.

（21） Barthez, *op. cit*., p. 1.

（22） *op. cit*., p. 37.

（23） Théophile de Bordeu, *Recherches sur les Maladies Chroniques*, 2e édition, 1800（初版は1775）.

（24）「決して真似することのできない素晴らしい技術が動物的調和の法則を支配している。化学者や機械論者はこれを探そうとしても無駄である（……）」。Bordeu, *op. cit*., pp. 74-75.

（25） Bordeu, *op. cit*., p. 70. 傍点は引用者による強調。

（26） Bordeu, *op. cit*., p. 12.

（27） Bichat, *op. cit*.

（28） Bichat, *op. cit*., p. 1.

（29） Cf. Michel Foucault, *Naissance de la clinique*, PUF, 2009（初版は1963）, pp. 147-148.

（30） 以下、Bichat, *op. cit*, p. 61を参照。

（31） Bichat, *op. cit*., p. 124.

(32) *Ibid.*

(33) この二つの属性は、ハラーにおける刺激感応性irritabilitéと感覚性sensibilitéの区分を受け継いでいると思われる。ハラーからビシャに受け渡された概念の内容の変化は、次の書に詳しい。松永澄夫『哲学史を読む Ⅱ』東信堂、二〇〇八年。

(34) Bichat, *op. cit.*, p. 124.

(35) Bichat, *op. cit.*, p. 125.

(36) *Ibid.*

(37) Bichat, *op. cit.*, p. 126.

(38) Bichat, *op. cit.*, p. 128.

(39) Bichat, *op. cit.*, p. 142.

(40) *Ibid.*

(41) *Ibid.*

(42) Bichat, *op. cit.*, p. 143.

(43) *Ibid.*

(44) Bichat, *op. cit.*, p. 143-144.

(45) ビシャが生命体の属性として認めるものを表にすると、下のようになる。Cf. Bichat, *op. cit.*, p. 167. なお、「能動的伸縮性」はビシャ自身が挙げた表には記され

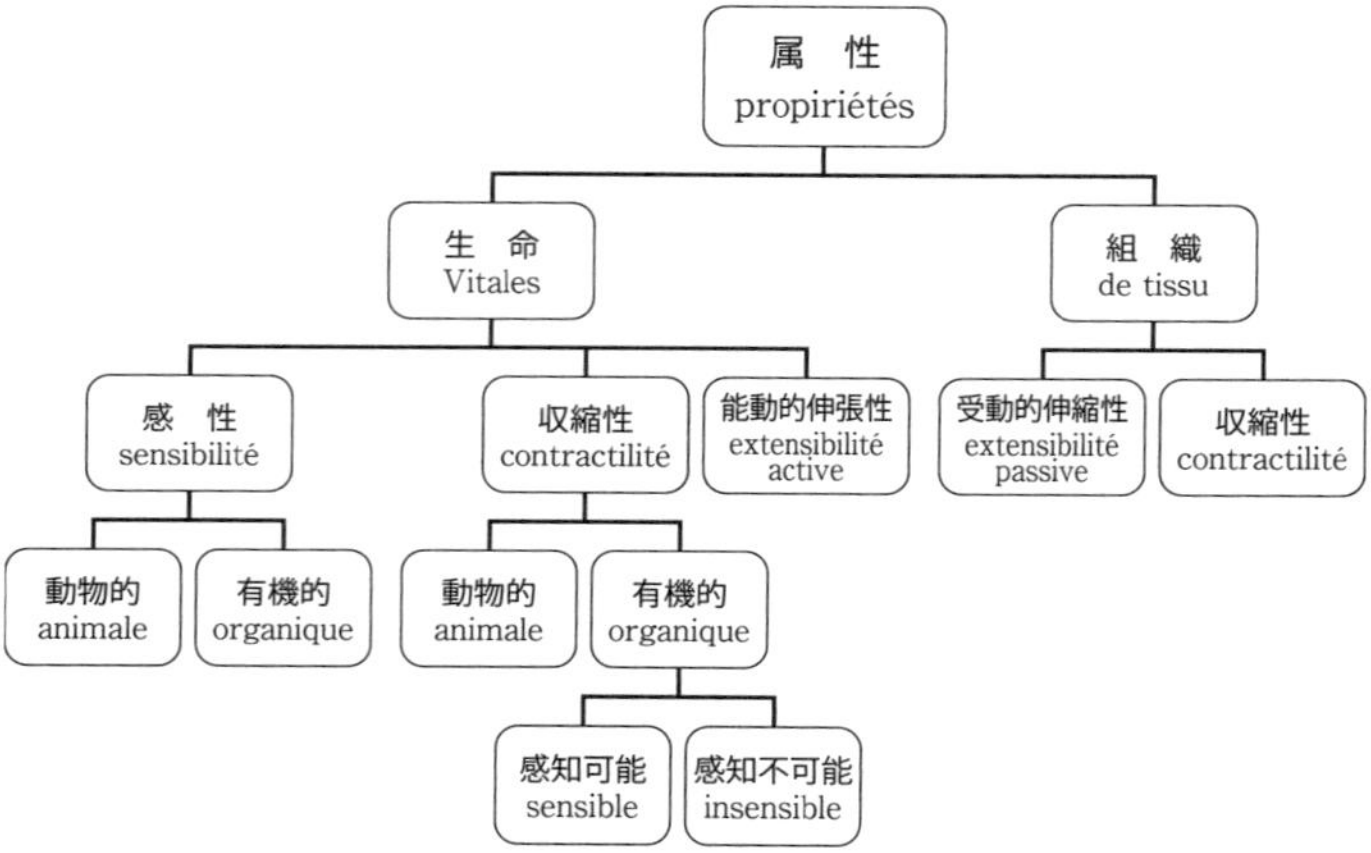

ていないが、テキストで生命属性の一つに数えられているので、この表にも追加した。「有機的な緊張、あるいは有機的収縮性は、生きているすべての部分の一般的性格として選ぶべきである。そして繊維の収縮性とは、有機的には繊維から構成されるすべての生きているあるいは死んでいる部分の共通的属性として選ぶべきである」(p. 166) とあるように、繊維の属性とは、生命体にも死体にも見出される属性である。おそらくガルヴァーニ電流のように、死後の筋肉も動くことがあることを念頭に置いた概念である。また動物における運動を論じる際に、ビシャは収縮性の他に能動的伸縮性を挙げている (p. 142)。とはいえ能動的伸縮性については、繊維の属性である受動的伸縮性とは異なって生命の属性であると述べられている以外は、その詳しい説明は与えられていない (p. 142)。

(46) Cf. Bichat, *op. cit.*, Article dixième.

(47) Maine de Biran, *Œuvres*, tome III, *Mémoire sur la décomposition de la pensée*, J. VRIN, 1988, p. 318.

(48) Biran, *op. cit.*, p. 319.

(49) Biran, *op. cit.*, p. 320.

(50) Biran, *op. cit.*, p. 321.

(51) Ménuret, *op. cit.*, p. 364b.

(52) Barthez, *op. cit*, p. 29.

(53) Biran, *op. cit.*, p. 322.

(54) *Ibid.*

(55) *Ibid.*

(56) *Ibid.*

(57) *Ibid.* ビランによる強調。

(58) Biran, *op. cit.*, pp. 322-323.

(59) Maine de Biran, *Œuvres*, tome XI-2, *Commentaires et marginalia*, J. VRIN, 1993, pp. 109-112.

(60) Biran, *op. cit.*, pp. 113-129. この覚書が書かれた時期についてははっきりしていない。ティスランPierre TisserandとムーアF. C. T. Mooreは、いずれもこのテキストは一八一一年以前に書かれたと述べており、ベルチBernard Baertschiは早ければ一八〇五年、遅くても一八一一年に書かれたと考えている。Cf. Biran, *op. cit.*, pp. XXIV-XXV.

(61) Biran, *op. cit.*, p. 117.

(62) Biran, *op. cit.*, p. 114.

（63） Biran, *Œuvres*, tome III, p. 330. なお、引用中にある「協力するconcourir」、「協同するconspirer」という動詞は、次のヒポクラテスの生命観にも使用されている。「動物的機構においてはすべてが協力し（concourir）、協同し（conspirer）、同意している（consentir）」。

（64） Biran, *Œuvres*, tome XI-2, p. 125. ビランによる強調。

（65） Azouvi, *op. cit.*, ch. 2.

（66） Maine de Biran, *Œuvres*, tome II, *Influence de l'habitude sur la faculté de penser*, J. VRIN, 1987.

（67） Maine de Biran, *Œuvres*, tome XIII-2, *Correspondance*, J. VRIN, 1996, pp. 236–249.

（68） Biran, *op. cit.*, p. 237.

（69） *Ibid.*

（70） Maine de Biran, *Œuvres*, tome V, *Discours à la société médicale de Bergerac*, J. VRIN, 1984, p. 26.

（71） Maine de Biran, *Œuvres*, tome VII, *Essai sur les fondements de la psychologie*, J. VRIN, 2001.

（72） Biran, *op. cit.*, p. 482. 引用者による強調。

（73） Cf: Marc Jeannerod, *Le cerveau-machine: physiologie de la volonté*, Fayard, 1983. Marc Jeannerod, *Le cerveau volontaire*, Odile Jakob, 2009. など。

（74） Biran, *Œuvres*, tome III, p. 417.

（75） 本書で「自然発生的」あるいは「自然発生性」と表す語はすべてフランス語spontanéあるいはspontanéitéの訳である。従来は「自発的」「自発性」と訳される言葉であるが、「自発」という日本語は能動性を含意している場合が多く、またここで問題となっているのは能動にも受動にも帰せない自ずから現れる作用であるため、「自然発生的」「自然発生性」と訳すことにした。

（76） Maine de Biran, *Journal*, vol. III, Baconnière, 1957, p. 3.

（77） Biran, *op. cit.*, p. 6.

（78） Gouhier, *op. cit.*, p. 169. ビラニスムの開始は、正確には一八〇四年三月二十三日から四月二十五日のあいだと、グイエは推定している。

（79） Biran, *Œuvres*, tome III, p. 418.

第2章

（1） Etienne Bonnot de Condillac, *Traité des sensations,* Fayard, 1984.

（2） Condillac, *op. cit.*, p. 15.

（3） Destutt de Tracy, *Mémoire sur la faculté de penser,* Fayard, 1992, p. 69.

（4） Maine de Biran, *Œuvres*, tome IV, *De l'aperception immédiate,* J. VRIN, 1995, p. 71. ビランによる強調。

（5） Condillac, *op. cit.*, p. 105.

（6） Tracy, *op. cit.*, p. 52. トラシによる強調。

（7） Tracy, *op. cit.*, p. 53.

（8） Tracy, *op. cit.*, p. 63.

（9） Tracy, *op. cit.*, p. 75 infra. なお、トラシは知覚perceptionと思惟penséeは同義であると考えている。Cf. Tracy, *op. cit.*, p. 73.

（10） 「自ら動く機能がなければこの感覚〔運動感覚〕は生じることがない」(Tracy, *op. cit.*, p. 76)。

（11） Tracy, *op. cit.*, p. 79.

（12） Tracy, *op. cit.*, p. 76.

（13） Tracy, *op. cit.*, p. 64.

（14） Destutt de Tracy, *Eléments d'idéologie*, tome I, éd. Henri Gouhier, J. VRIN, 1970, p. 432.

（15） Tracy, *op. cit.*, p. 428.

（16） Tracy, *op. cit.*, p. 429.

（17） François Azouvi, *Maine de Biran, La science de l'homme*, J. VRIN, 1995, pp. 77–78.

（18） Tracy, François p. 140, p. 432. 引用者による強調。

（19） *Ibid.*

（20） Tracy, *op. cit.*, p. 149.

（21） Henri Gouhier, *Les Conversions de Maine de Biran,* J. VRIN, 1947, pp. 168–169. Azouvi, *op. cit.*, p. 71. infra.

（22） Maine de Biran, *Œuvres*, tome XIII-2, *Correspondance*, J. VRIN, 1996, p. 271.

（23） *Ibid.* ビランによる強調。

（24） Biran, *op. cit.*, p. 269.

（25） Azouvi, *op. cit.*, p. 72.

（26） Biran, *op. cit.*, pp. 355–356.

（27） Biran, *op. cit.*, p. 356.

(28) Biran, *op. cit.*, pp. 273-274.

(29) この手紙は、Tisserand版のビラン全集に収録されている。*Œuvres de Maine de Biran*, Pierre Tisserand éd., F. Alcan, 1930, p. 299. トラシによる強調。

第3章

(1) Biran, *Œuvres*, Tome VII, *Essai sur les fondements de la psychologie*, J. VRIN, 2001, p. IX.

(2) 一八一三年頃に書かれた断片に、次のような記述がある。「ようやく、この三つの論文を一つの構成にまとめる必要を感じた。それこそ今日、『心理学の基礎について、およびそれと自然学との関係について試論』という名のもとに公にしようとするものである」(Biran, *op. cit.*, p. 440)。ここで言われている三つの論文とは、『思惟の分解についての論文』(フランス学士院への懸賞論文。一八〇二年に受賞)、『直接的覚知』(ベルリンアカデミーへの懸賞論文。一八〇七年受賞)、そして『人間の身体と精神の関係について』(コペンハーゲンアカデミーへの懸賞論文。一八一一年受賞)である。

(3) Biran, *op. cit.*, p. 117. ビランによる強調。

(4) Biran, *op. cit.*, p. 239.

(5) Biran, *op. cit.*, p. 118. 引用者による強調。

(6) Saint Augustin, *Les Confessions*, Livre III, Chapitre VI, éd. Phillippe Sellier, trad. par Arnauld d'Andilly, Gallimard, 1993, p. 100.

(7) 「原因としての努力と同一化されることで、自我は、結果である筋肉感覚から自らを識別するやいなや、その存在についての内的覚知を持つ」(Biran, *op. cit.*, p. 125)。

(8) *Ibid.*

(9) 中井正一「スポーツの美的要素」『中井正一評論集』岩波文庫、一九九五年、九八–九九頁。

(10) 「二つ、この本質的性格〔原初的事実の二元性〕は、基礎的関係の二項のうちいずれも外的印象への必然的依拠によって構築されないということから成る。したがって自我について知ることは、外的宇宙について知ることの原理から切り離すことができる。

三つ、原因である努力に同化されることで、自我は、結果である筋肉感覚から識別されるやいなや、自らの存在について内的な覚知を持つ。努力は自我のうちにあり、あるいは自我自身である。筋肉感覚は自我ではない、それゆえ自我は筋肉感覚を自分の外に置くのである」(Biran, *op. cit.*, p. 125)。

(11) Biran, *op. cit.*, p. 141.

(12) *Ibid.*

(13) Biran, *op. cit.*, p. 143.

(14) Biran, *op. cit.*, p. 144.

(15) Biran, *op. cit.* Note de l'éditeur, no. 80.

(16) Rey Régis (Cazillac), *Histoire naturelle et raisonnée de l'âme*, Londres, 1789.

(17) Biran, *op. cit.*, pp. 144-145.

(18) Biran, *op. cit.*, p. 144.

(19) 「生き始めることは、印象を受け始めること、印象に影響され、反応し始めることである」(Biran, *op. cit.*, p. 210)。

(20) Biran, *op. cit.*, p. 201. ビランによる強調。

(21) Biran, *op. cit.*, p. 202.

(22) 「しかし情感のもとに描き出したいものは、まったくの抽象物、虚しい仮説ではない。それはその存在の種類において積極的で完全な様態であり、われわれの存在すべてを起源において形成し、様々な生命体の存在も形成するものである。われわれの知的本性が弱まったり退化したりするとき（……）あるいは複合的存在、すなわち人間性において二重である存在が、生命力における一重性に立ち戻るときは必ず、この状態へと近づくものである」(Biran, *op. cit.*, p. 203)。

(23) Biran, *op. cit.*, p. 215.

(24) Biran, *op. cit.*, p. 211.

(25) 自我による追憶souvenirと器官による痕跡traceをビランは区別している。Cf. Biran, *op. cit.*, pp. 223-224.

(26) Biran, *op. cit.*, p. 233.

(27) Cf. Biran, *op. cit.*, p. 239.

(28) Biran, *op. cit.*, p. 204.

(29) Biran, *op. cit.*, p. 234.

(30) Biran, *op. cit.*, p. 263.

(31) *Ibid.*

(32) Biran, *op. cit.*, p. 290.

(33) Biran, *op. cit.*, p. 367.

(34) 本書第4章を参照のこと。

(35) Biran, *op. cit.*, p. 365.

(36) Biran, *op. cit.*, p. 367.

(37) *Ibid.*

(38) Biran, *op. cit.*, p. 369.

(39) Biran, *op. cit.*, p. 370.

(40) *Ibid.*

(41) *Ibid.* 引用者による強調。

(42) Biran, *op. cit.*, p. 372.

第4章

(1) Maine de Biran, *Œuvres*, tome XI-2, *Commentaires et marginalia*, J. VRIN, 1993, pp. XIX-XXI.

(2) David Hume, *A Treatise of Human Nature*, Dover Philosophical Classics, 2003.

(3) David Hume, *An Enquiry Concerning Human Understanding*, Dover Philosophical Classics, 2004.

(4) Hume, *A Treatise*, p. 1.

(5) Hume, *An Enquiry*, p. 12.

(6) Hume, *op. cit.*, p. 38.

(7) Hume, *op. cit.*, p. 39.

(8) Hume, *op. cit.*, p. 40.

(9) Hume, *op. cit.*, pp. 40-41.

(10) Hume, *op. cit.*, pp. 42-43.

(11) Hume, *op. cit.*, p. 144.

(12) Johann Jakob Engel, «Sur l'origine de l'idée de la force», *Mémoires de l'Académie Royale des sciences et belles-lettres depuis l'avènement de Frédéric Guillaume III au trône*, George Decker, 1804, Classe de Philosophie spéculative, pp. 146-164.

(13) Engel, «Sur l'origine», p. 147.

(14) Engel, *op. cit.*, p. 148.

(15) Biran, *op. cit.*, p. 50.

(16) Engel, *op. cit.*, p. 149.

(17) Engel, *op. cit.*, p. 151.

(18) Engel, op. cit., p. 155.

(19) Engel, *op. cit.*, p. 156.

(20) *Ibid.*

(21) *Ibid.*

(22) Engel, *op. cit.*, pp. 158-159.
(23) Biran, *op. cit.*, p. 51.
(24) Biran, *op. cit.*, pp. 51-52.
(25) Engel, *op. cit.*, p. 160.
(26) Biran, *op. cit.*, p. 53.
(27) *Ibid.*
(28) Biran, *op. cit.*, p. 50.
(29) Biran, *op. cit.*, p. 39. Hume, *An Enquiry*, p. 40.
(30) Biran, *op. cit.*, p. 39.
(31) *Ibid.*
(32) Biran, *op. cit.*, p. 40.
(33) *Ibid.*
(34) Biran, *op. cit.*, p. 55.
(35) Biran, *op. cit.*, p. 58.
(36) 例えばBiran, *op. cit.*, p. 45.
「運動を実行する自我の力ないし原因と、筋肉感覚ないし産出された結果とのあいだの内密で直接的な関係についての感情」を努力のうちに有する、とある。
(37) ビランによるエンゲルのテキストの言い換え。Biran, *op. cit.*, p. 58. もとのテキストはEngel, *op. cit.*, p. 148.
(38) Biran, *op. cit.*, p. 58.

第5章

(1) Maine de Biran, *Œuvres*, tome IV, *De l'aperception immédiate*, J. VRIN, 1995, p. 124.
(2) Maine de Biran, *Œuvres*, tome VII, *Essai sur les fondements de la psychologie*, J. VRIN, 2001, p. 372.
(3) Biran, *op. cit.*, p. 127, infra.
(4) Biran, *op. cit.*, p. 134.
(5) Biran, *op. cit.*, p. 125.
(6) Biran, *op. cit.*, p. 139, infra.
(7) Biran, *op. cit.*, p. 143.
(8) Biran, *op. cit.*, p. 137.
(9) 例えば、Maine de Biran, *Œuvres*, tome III, *Mémoire sur la décomposition de la pensée*, J. VRIN, 1988, pp. 432-433, tome IV, pp. 124-125, tome VII, p. 141など。
(10) Biran, *Œuvres*, tome VII, p. 143.
(11) Biran, *op. cit.*, p. 134.

(12) Biran, *op. cit.*,p. 367.
(13) Biran, *Œuvres*, tome III, p. 140.
(14) Biran, *Œuvres*, tome VII, p. 366.
(15) Biran, *op. cit.*, p. 370.
(16) Biran, *Œuvres*, tome IV, p. 163.
(17) Biran, *Œuvres*, tome VII, p. 370.
(18) *Ibid.*
(19) Biran, *Œuvres*, tome IV, p. 166.
(20) Biran, *Œuvres*, tome VII, p. 372. 引用者による強調。
(21) 山形頼洋・三島正明『西田哲学の二つの風光――科学とフランス哲学』萌書房、二〇〇九年、参照。
(22) Biran, *op. cit.*, p. 373.
(23) Biran, *op. cit.*, p. 378.
(24) *Ibid.*
(25) *Ibid.*
(26) *Ibid.*
(27) Biran, *op. cit.*, p. 379. 引用者による強調。
(28) Biran, *op. cit.*, p. 377.
(29) Michel Henry, *Philosophie et phénoménologie du corps*, PUF, 2011（初版は1965), p. 19. アンリはビランに二種類の知があることをここで説いている。一つは現象学的隔たりによって外的知識の基礎をなるものであり、もう一つはわれわれに直接的に与えられるもの、われわれに存在を与えるものである。アンリは、「ビランは二つ目の知識の形を反省と呼ぶ」と述べている。
(30) Biran, *op. cit.*, p. 91.
(31) Biran, *Œuvres*, tome IV, pp. 164-165. 引用者による強調。
(32) Cf. Biran, *Œuvres*, tome VII, p. 367.
(33) Biran, *op. cit.*, p. 378. 引用者による強調。
(34) Biran, *op. cit.*, p. 381.
(35) Biran, *op. cit.*, p. 379.
(36) Biran, *op. cit.*, p. 143.
(37) Biran, *op. cit.*, p. 370.
(38) Biran, *op. cit.*, p. 379.

第6章

(1) Maine de Biran, *Œuvres*, tome VII, *Essai sur les*

fondements de la psychologie, J. VRIN, 2001, p. 201.

(2) Biran, *op. cit.*, p. 234.

(3) 「(……) 一般的印象がその情感的ないし刺激的性格を、習慣の影響のもとに失ってゆくにつれて、情感と直観について立てておいた区別がどれほど現実的であるかが理解されるだろう。なぜなら前者に限られたあらゆる感覚は、習慣の効用によって完全に消え去るのに対して (……) 直観的部分を含むあらゆる感覚は、情感が現象するにつれてますます照らしだされ、識別されるからである」(Biran, *op. cit.*, p. 233)。

(4) Biran, *op. cit.*, p. 135.

(5) Maine de Biran, *Œuvres*, tome III, *Mémoire sur la décomposition de la pensée*, J. VRIN, 1988, pp. 407-420.

(6) もちろんここにはコンディヤックの感覚一元論への批判も含まれていると考えていいだろう。

(7) Biran, *op. cit.*, p. 418.

(8) *Ibid.* 引用者による強調。

(9) ビシャもそのことに気付いていたが、ビランは『習慣論』発行直後にビシャを知った。Cf. Marie François Xavier Bichat, *Recherches physiologiques sur la vie et la mort*, GF-Flammarion, 1994. Maine de Biran, «Note au citoyen B.», Biran, *Œuvres*, tome XIII-2, *Correspondance*, J. VRIN, 1996, pp. 236-249.

(10) Maine de Biran, *Œuvres*, tome II, *Influence de l'abitude sur la faculté de penser*, J. VRIN, 1987, pp. 135-136.

(11) Biran, *op. cit.*, p. 163.

(12) Biran, *op. cit.*, p. 164.

(13) Biran, *op. cit.*, p. 165. 引用者による強調。

(14) Biran, *op. cit.*, p. 135.

(15) Biran, *op. cit.*, p. 180.

(16) Henri Gouhier, *Maine de Biran par lui-même*, Seuil, 1970, p. 9. 邦訳は、大崎博・藤江泰男・益邑齊訳『メーヌ・ド・ビラン　生涯と思想』サイエンティスト社、一九九九年、六頁。

(17) Félix Ravaisson, *L'Habitude, Métaphysique et morale*, PUF, 1999, p. 105. 邦訳は、野田又夫訳『習慣論』岩波文庫、二〇〇一年(初版は一九三八年)。

(18) Ravaisson, *op. cit.*, p. 106.

(19) Ravaisson, *op. cit.*, p. 123.
(20) Ravaisson, *op. cit.*, p. 124.
(21) *Ibid.*
(22) 「それゆえあらゆるところで、あらゆる状況で、連続性ないし反復、持続は、受動性を弱らせ、能動性を高める」(Ravaisson, *op. cit.*, p. 131)。
(23) Ravaisson, *op. cit.*, p. 131. 傍点は引用者による。
(24) *Ibid.*
(25) Ravaisson, *op. cit.*, p. 133.
(26) Ravaisson, *op. cit.*, p. 134.
(27) *Ibid.*
(28) Ravaisson, *op. cit.*, p. 135.
(29) Ravaisson, *op. cit.*, pp. 137-138.
(30) Ravaisson, *op. cit.*, p. 139.
(31) André Lalande (éd.), *Vocabulaire technique et critique de la philosophie*, PUF, 2010 (3e édition). Cf: article «nature».
(32) Ravaisson, *op. cit.*, p. 139.
(33) Ravaisson, *op. cit.*, pp. 138-139.
(34) Ravaisson, *op. cit.*, p. 149.
(35) Ravaisson, *op. cit.*, p. 150.
(36) Ravaisson, *op. cit.*, p. 152.
(37) Henri Bergson, *La pensée et le mouvant*, PUF, 2008, p. 280. 邦訳は、河野与一訳『思想と動くもの』岩波文庫、二〇〇五年(初版は一九九八年)を参照した。また近年、上述の書に収録されている「ラヴェッソン氏の生涯と仕事」のみを取り上げた書物が刊行された。豊富な注解だけでなく、ベルクソンとラヴェッソンの関係について言及した他の著者たちのテキストも収録されている。Henri Bergson, *La vie et l'œuvre de Ravaisson*, PUF, 2011, p. 29.
(38) Henri Bergson, *Essai sur les données immédiates de la conscience*, PUF, 2007 (9e édition), p. 9.
(39) Ravaisson, *op. cit.*, p. 157.
(40) Ravaisson, *op. cit.*, p. 158.
(41) 「植虫類の混沌として複雑な生命まで、植物まで、クリスタルまでも、この光によって、思惟と能動性の最後のかがやきを追うことができる(……)」(Ravaisson, *op. cit.*, p. 148)。
(42) Ravaisson, *op. cit.*, p. 119.

第7章

（1） 西田幾多郎『西田幾多郎全集』第十一巻、岩波書店、一九七九年（初版は一九四九年）、三七〇頁。

（2） 「純粋経験の立場は「自覚における直観と反省」に至って、フィヒテの事行の立場を介して絶対意志の立場に進み、更に「働くものから見るものへ」の後半において、ギリシャ哲学を介し、一転して「場所」の考に至った。そこに私は私の考を論理化する端緒を得たと思う。「場所」の考は「弁証法的一般者」として具体化せられ、「弁証法的一般者」の立場は「行為的直観」の立場として直接化せられた。この書〔『善の研究』〕において直接経験の世界とか純粋経験の世界とかいったものは、今は歴史的実在の世界と考えるようになった。行為的直観の世界、ポイエシスの世界こそ真に純粋経験の世界であるのである」（西田幾多郎『善の研究』岩波文庫、二〇〇二年（初版は一九五〇年）、六―七頁）。

（3） 西田幾多郎『西田幾多郎全集』第九巻、岩波書店、一九七九年、六九―一四六頁。

（4） 「「具体的なるものから抽象的なものへ」は西田哲学の本来的な志向である（……）」（下村寅太郎による『善の研究』解題、二五一頁）。

（5） Gottfried Wilhelm Leibniz, *Monadologie und andere mesaphysische Schriften*, Meiner Philosophische Bibliothek Band 537, 2002, p. 134.

（6） 「何処までも自己自身を限定する独立の個物として窓を有たないモナドの他との関係、個物と個物との関係を表現と云つたのは、ライプニッツの卓見であつたと思ふ」（『西田幾多郎全集』第九巻、八〇頁）。

（7） 西田、前掲書、八二頁。

（8） 山形頼洋・三島正明『西田哲学の二つの風光――科学とフランス哲学』第二部第三章。

（9） 西田、前掲書、七〇頁。

（10） 西田、前掲書、七一―七二頁。

（11） 西田、前掲書、七二頁。

（12） 西田、前掲書、七三頁。

（13） 西田、前掲書、九二頁ほか。

（14） 西田、前掲書、九七頁。

（15） 西田、前掲書、八一頁。

（16） 西田、前掲書、八二頁。

(17) Cf. Rainer Maria Rilke, *Auguste Rodin*, Insel Verlag, 1984, p. 17.

(18) 芸術制作において作品が立ち現れる過程については、次の研究書がある。森田亜紀『芸術の中動態——受容／制作の基層』萌書房、二〇一三年。

(19) 西田、前掲書、九七頁。

(20) 同上。

(21) 西田幾多郎『西田幾多郎全集』第八巻、岩波書店、一九七九年、二〇三—二〇四頁。

(22) 『習慣論』ラヴェッソン著、野田又夫訳、岩波文庫、二〇〇一年（初版は一九三八年）。

(23) 『西田幾多郎全集』第十一巻、三五六頁。Félix Ravaisson, *L'Habitude*, PUF, 1999, p. 109.

(24) 西田、前掲書、三五六—三五七頁。Ravaisson, *op. cit.*, p. 110.

(25) 西田、前掲書、三五七頁。

(26) 西田、前掲書、三五七頁。Ravaisson, *op. cit.*, p. 110.

(27) 西田、前掲書、三五八—三五九頁。Ravaisson, *op. cit.*, pp. 116–119. 引用者による強調。

(28) Ravaisson, *op. cit.*, p. 119.

(29) 西田、前掲書、三六〇頁。

(30) 西田、前掲書、三六二頁。

(31) 西田、前掲書、三五九頁。

(32) 香田芳樹「ヨーロッパ古代から中世における身体観とハビトゥス（習慣）の変遷」『藝文研究』Vol. 93、慶應義塾大学藝文学会、二〇〇七年、参照。

(33) 本書第6章参照のこと。

(34) 『西田幾多郎全集』第八巻、二〇二頁。

(35) 『西田幾多郎全集』第十一巻、三七〇頁。

(36) 西田、前掲書、三六九頁。引用者による強調。

(37) 西田、前掲書、三六六頁。Ravaisson, *op. cit.*, p. 136.

(38) 『西田幾多郎全集』第八巻、一三三頁。

(39) 『西田幾多郎全集』第九巻、一七三頁。

(40) 「能動的習慣といふのは、歴史的世界の自己限定の立場から云へば、行為的直観と考ふべきものである。」『西田幾多郎全集』第八巻、二〇一頁。

(41) ここで確認できたことは、あくまで運動が立ち現れることについての理論であり、とりわけ身体運動の習得過程における意識と身体の変化については、今後さらなる実践的研究を要するだろう。例えば江戸時代の剣術指南書である『兵法家伝書』には、稽古を深める過程において、執着から心が自由になる平穏と、機を読んで相手より先に動きを始める機敏さを認めているように、武術、芸事、楽器演奏などそれぞれの場合においてきわめて実践的で特殊な言説が展開されている。これらを紐解くことで身体の変化に裏付けられた知について考察を深めることができるに違いない。柳生宗矩『兵法家伝書』岩波文庫、一九八五年、参照。

第8章

(1) Maine de Biran, *Œuvres*, tome VII, *Essai sur les fondements de la psychologie*, J. VRIN, 2001, p. 134. 引用者による強調。

(2) 西田幾多郎『西田幾多郎全集』第八巻、岩波書店、一九七九年、三一一頁。

(3) 西田、前掲書、五六頁。

(4) 西田、前掲書、五六－五七頁。引用者による強調。

(5) 西田幾多郎『西田幾多郎全集』第七巻、岩波書店、一九七九年、一七四頁。

(6) 西田幾多郎『西田幾多郎全集』第十一巻、岩波書店、一九七九年、三七〇頁。

(7) Maine de Biran, *Journal*., vol. III, Baconnière, 1957, p. 6.

(8) Biran, *Œuvres*, tome VII, p. 125.

(9) Biran, *op. cit.*, p. 139.

(10) 西田幾多郎『西田幾多郎全集』第九巻、岩波書店、一九七九年、一五三頁。

(11) Biran, *op. cit.*, p. 134.

(12) 『西田幾多郎全集』第十一巻、三〇八頁。

(13) Biran, *op. cit.*, p. 379.

(14) 西田、前掲書、三〇八頁。

(15) Biran, *op. cit.*, p. 201. ビランによる強調。

(16) *Ibid.* ビランによる強調。

(17) Biran, *op. cit.*, p. 209.

(18) Biran, *op. cit.*, p. 212.

(19) 西田の憂鬱については、例えば次の研究がある。小林敏明『西田幾多郎の憂鬱』岩波現代文庫、二〇一一年。

(20)西田幾多郎『西田幾多郎全集』第六巻、岩波書店、一九七九年、一一六頁。
(21)西田幾多郎『西田幾多郎歌集』上田薫編、岩波文庫、二〇〇九年、第五七歌、二五頁。
(22)『西田幾多郎全集』第十一巻、三九四頁。
(23)西田、前掲書、三九六頁。
(24)「動物的本能の世界に於ても、個物が自己の中に世界を映すことによつて欲求的であり、見ることから働く。併しそこでは個物は真に個物的ではない故に尚直観といふものはない。本能的動物は悪魔に囚はれると云ふことはない」(『西田幾多郎全集』第九巻、二〇一頁)。
(25)『西田幾多郎全集』第十一巻、四〇五頁。
(26)同上。
(27)西田、前掲書、四〇六頁。
(28)『西田幾多郎全集』第九巻、二〇一頁。
(29)同上。
(30)西田、前掲書、二〇五頁

参考文献

1　一次文献

(i)　メーヌ・ド・ビランのテキスト

メーヌ・ド・ビランの著作については、一九八四年から二〇〇二年にかけてJ. VRIN社より刊行されたFrançois Avouvi編集の『メーヌ・ド・ビラン著作集』を基本的に用いた。

各巻の内容は次の通りである。

- tome I, *Ecrits de jeunesse*, 1998.
- tome II, *Influence de l'habitude sur la faculté de penser*, 1987.
- tome III, *Mémoire sur la décomposition de la pensée*, 1988.
- tome IV, *De l'aperception immédiate*, 1995.
- tome V, *Discours à la société médicale de Bergerac*, 1984.
- tome VI, *Rapports du physique et du moral de l'homme*, 1984.
- tome VII-1-2, *Essai sur les fondements de la psychologie et sur ses rapports avec l'étude de la nature*, 2001.
- tome VIII, *Rapports des sciences naturelles avec la psychologie*, 1986.
- tome IX, *Nouvelles considérations sur les rapports du physique et du moral de l'homme*, 1990.
- tome X-1, *Dernière philosophie: morale et religion*, 1987.
- tome X-2, *Dernière philosophie: existence et anthropologie*, 1989.

- tome XI-1, *Commentaires et marginalia: XVIIe siècle*, 1990.
- tome XI-2, *Commentaires et marginalia: XVIIIe siècle*, 1993.
- tome XI-3, *Commentaires et marginalia: XIXe siècle*, 1990.
- tome XII-1, *L'homme public: 1789-1814*, 1999.
- tome XII-2, *L'homme public: 1815-1824*, 1999.
- tome XIII-1, *Correspondance philosophique Maine de Biran-Ampère*, 1993.
- tome XIII-2, *Correspondance 1766-1804*, 1996.
- tome XIII-3, *Correspondance philosophique 1805-1824*, 1996.

右の著作集に収録されていないテキストに関しては、次のものを参照した。

- *Journal*, édité par Henri Gouhier, 3 vols., Baconnière, 1954-1957.
- *Correspondance philosophique*, édité par Pierre Tisserand, tome VI, Félix Alcan, 1930.
- *Correspondance philosophique*, édité par Pierre Tisserand, tome VII, Félix Alcan, 1930.

(ii) 西田幾多郎のテキスト

西田幾多郎のテキストについては、岩波書店から出版された『西田幾多郎全集』の一九七八年から一九八〇年にかけて刊行された版を参照した。引用にあたっては、『西田幾多郎全集』と記したのちに巻数および頁数を示した。各巻の内容は以下の通り。

- 第一巻、一九七八年（初版一九四七年）「善の研究」、「思索と体験」
- 第二巻、一九七八年（初版一九五〇年）「自覚に於ける直観と反省」

・第三巻、一九七八年（初版一九五〇年）「意識の問題」、「芸術と道徳」
・第四巻、一九七九年（初版一九四九年）「働くものから見るものへ」
・第五巻、一九七九年（初版一九四七年）「一般者の自覚的体系」
・第六巻、一九七九年（初版一九四八年）「無の自覚的限定」
・第七巻、一九七九年（初版一九四九年）「哲学の根本問題」
・第八巻、一九七九年（初版一九四八年）「哲学論文集第一」、「哲学論文集第二」
・第九巻、一九七九年（初版一九四九年）「哲学論文集第三」
・第十巻、一九七九年（初版一九五〇年）「哲学論文集第四」、「哲学論文集第五」
・第十一巻、一九七九年（初版一九四九年）「哲学論文集第六」、「哲学論文集第七」
・第十二巻、一九七九年（初版一九五〇年）「続思索と体験」、「続思索と体験、以後」
・第十三巻、一九七九年（初版一九五二年）「小篇」
・第十四巻、一九七九年（初版一九五一年）「講演筆記」
・第十五巻、一九七九年（初版一九五二年）「講義」
・第十六巻、一九八〇年（初版一九六六年）「初期草稿」
・第十七巻、一九八〇年（初版一九五一年）「日記」
・第十八巻、一九八〇年（初版一九五三年）「書簡集」
・第十九巻、一九八〇年（初版一九五三年）「書簡集二」

右の版に含まれていないテキストに関しては、次の版を参照した。

・『西田幾多郎全集』第十九巻、岩波書店、二〇〇六年また適宜、次の書も参照した。

- 『善の研究』岩波文庫、二〇〇二年（初版一九五〇年）。
- 『西田幾多郎歌集』上田薫編集、岩波文庫、二〇〇九年。

ⅲ その他の一次文献

- BARTHEZ Paul-Joseph, *Nouveaux Eléments de la science de l'homme*, tome I, Jean Martel aîné, 1778.
- BERNARD Claude, *Introduction à l'étude de la médecine expérimentale*, Flammarion, 2008（初版は1984）.
- BICHAT Xavier, *Recherches physiologiques sur la vie et la mort*（*première partie*）, *Anatomie générale appliquée à la physiologie et à la médecine*, *Discours sur l'étude de la physiologie*, Flammarion, 1994.
- BICHAT Xavier, *Recherches physiologiques sur la vie et la mort*, Bibliobazaar, sans date（Paris, Charmentier, 1866）.
- BICHAT Xavier, *Anatomie générale appliquée à la physiologie et à la médecine*, Tome 1 et 2, Brosson, Gabon et Cie, 1801.
- BORDEU Théophile, *Recherches sur les Maladies Chroniques*, 2e édition, 1800（初版は1775）.
- CONDILLAC Etienne Bonnot, *Traité des sensations*, *Traité des animaux*, Fayard, 1984.
- DESTUTT DE TRACY, *Eléments d'idéologie*, tome I, J. VRIN, 1970.
- DESTUTT DE TRACY, *Eléments d'idéologie*, tome II, J. VRIN, 1970.
- DESTUTT DE TRACY, *Mémoire sur la faculté de penser, De la métaphysique de Kant, et autres textes*, Fayard, 1992.

- ENGEL Johann Jakob, «Sur l'origine de l'idée de la force», *Mémoires de l'Académie Royale des sciences et belles-lettres depuis l'avènement de Frédéric Guillaume III au trône*, George Decker, 1804, Classe de Philosophie spéculative, pp. 146–164.
- HUME David, *A Treatise of Human Nature*, Dover publications, 2003（一八八八年にOxford at the Clarendon Pressが出版した版に基づいたリプロダクション）.
- HUME David, *An Enquiry Concerning Human Understanding*, Dover Publications, 2004（一九一〇年にP. F. Collier and Son Corporationが出版した版に基づいたリプロダクション）.
- LEIBNIZ, Gottfried Wilhelm, *Monadologie und andere metaphysische Schriften*（*Französisch-Deutsch*）, Felix Meiner Verlag, coll. Philosophische Bibliothek Band no. 537, 2002.
- LEIBNIZ, Gottfried Wilhelm, *Discours de métaphysique et Correspondance avec Arnaud*, J. VRIN, 2000.
- LOCKE John, *An Essay Concerning Human Understanding*, Penguin Books, 2004（初版は1997）.
- MÉNURET DE CHAMBAUD Jean-Joseph,「Œconomie Animale」の項目。*Encyclopédie*. xi. p. 364b.
- RAVAISSON Félix, *De l'habitude, Métaphysique et morale*（Quadrige）, PUF, 1999. 邦訳は次の通り。野田又夫訳『習慣論』岩波文庫、二〇〇一年（初版は一九三八年）。
- RAVAISSON Félix, *De l'habitude, La philosophie en France au XIXe siècle*, Fayard, 1984.
- REY RÉGIS（Cazillac）, *Histoire naturelle et raisonnée de l'âme*, Londres, 1789.
- ROUSSEAU Jean Jacques, *Les Rêveries du promeneur solitaire*, Gallimard, 1972.
- STAHL Georg-Ernst, Vraie théorie médicale, in *Œuvres médico-philosophiques et pratiques de G-E Stahl*, trad. et éd. T Blondin, tome III, J-B Baillière et fils, 1864.

2 研究書、研究論文

（i） 欧文のもの

- AZOUVI François, *Maine de Biran, La science de l'homme*, J. VRIN, 1995.
- AZOUVI François, "Genèse du corps propre chez Malebranche, Condillac, Lelarge de Lignac et Maine de Biran," in *Archives de Philosophie* 45, 1982, pp. 85–107.
- AZOUVI François, "Science de l'homme et division des sciences selon Maine de Biran," in *Revue de synthèse* IVᵉ S. no.1–2, janvier–juin, 1994, pp. 55–69.
- BAERTSCHI Bernard, *L'ontologie de Maine de Biran*, Editions Universitaires, 1982.
- BAERTSCHI Bernard, *Les rapports de l'âme et du corps : Descartes, Diderot et Maine de Biran*, J. VRIN, 2000.
- BAERTSCHI Bernard, *Conscience et Réalité*, Droz, 2005.
- BERGSON Henri, *La pensée et le mouvant*, PUF, 2008（初版は1938）. 河野与一訳『思想と動くもの』岩波文庫、二〇〇五年（初版は一九九八年）。
- BERGSON Henri, *Essai sur les données immédiates de la conscience*, PUF, 2008.
- BERGSON Henri, *La vie et l'œuvre de Ravaisson*, PUF, 2011.
- CANGUILHEM Georges, *Le normal et le pathologique*, PUF, Quadrige, 2010（初版は1966）.
- CANGUILHEM Georges, *La connaissance de la vie*, J. VRIN, 2009（初版は1965）.
- CHARRETON Pierre, *Les Fêtes du Corps. Histoire et tendances de la littérature à thème sportif en France 1870–1970*, Travaux XLV, CIEREC（Université de Saint-Etienne）, 1985. 三好郁朗訳『フランス文学とスポーツ』法政大学出版局、一九八九年。

- DALISSIER Michel, *Anfractuosité et unification : La philosophie de Nishida Kitarô*, Droz, 2009.
- DALISSIER Michel, "Nishida Kitarô," in *Philosophie japonaise*, J. VRIN, 2013.
- DEVARIEUX Anne, *Maine de Biran, L'individualité persévérante*, Jêrome Millon, 2004.
- DOPP Joseph, *Félix Ravaisson, la formation de sa pensée, d'après des documents inédits*, Institut supérieur de philosophie, 1933.
- EVEN Lucien, *Maine de Biran, Critique de Locke*, Editions de l'institut supérieur de philosophie, 1983.
- FOUCAULT Michel, *Naissance de la clinique*, PUF, Quadrige, 2009（初版は1963).
- GOUHIER Henri, *Les Conversions de Maine de Biran*, J. VRIN, 1947.
- GOUHIER Henri, *Maine de Biran par lui-même*, Seuil, 1970. 大崎博・藤江泰男・益邑齊訳『メーヌ・ド・ビラン生涯と思想』サイエンティスト社、一九九九年。
- HENRY Michel, *Philosophie et phénoménologie du corps, essai sur l'ontologie biranienne*, PUF, 2001（初版は1965).
- HENRY Michel, *Incarnation*, Seuil, 2000.
- JANET Paul, "Le Spiritualisme français au dix-neuvième siècle," in *Revue des deux mondes*, 1868, pp. 353-385.
- JANICAUD Dominique, *Ravaisson et la métaphysique: une généalogie du spiritualisme français*, J. VRIN, 1997.
- JEANNEROD Marc, *Le cerveau-machine : physiologie de la volonté*, Fayard, 1983.
- JEANNEROD Marc, *Le cerveau volontaire*, Odile Jakob, 2009.
- KURODA Akinobu, "Enjeux, Possibilités et limites d'une philosophie de la vie : Kitarô Nishida au miroir de quelques philosophes français," thèse, Université de Strasbourg, 2003（現在は Atelier National de Reproduction des thèses にて入手可能).

- LE LANNOU Jean-Michel dir., *Etudes sur Ravaisson*, KIME, 1999.
- MADINIER Gabriel, *Conscience et Mouvement, Etude sur la philosophie française de Condillac à Bergson*, Alcan, 1938.
- MARX Paul, "Maine de Biran (1766-1824), fondateur de la Société médicale de Bergerac," in *Histoire des sciences médicales*, Organe officiel de la société française d'histoire de la médecine, 1998, Tome XXXII, no. 4, pp. 385-388.
- MONTEBELLO Pierre, *La décomposition de la pensée, Dualité et empirisme transcendantal chez Maine de Biran,* Jérôme Millon, 1994.
- MONTEBELLO Pierre, *Le vocabulaire de Maine de Biran*, Ellipses, 2000.
- MONTEBELLO Pierre, *Nature et subjectivité,* Jérôme Millon, 2007.
- NAVILLE Ernest, *Maine de Biran, sa vie et ses pensées,* Elibron Classics, 2005（一八五七年に Joel Cherbuliez から出版された版のリプリント）.
- PACHET Pierre, *Les baromètres de l'âme, naissance du journal intime*, Le bruit du temps, 2015（初版は1992）.
- PARK-HWANG Su-Young, *L'habitude dans le spiritualisme français : Maine de Biran, Ravaisson, Bergson,* ANRT, 1997.
- PERROT Maryvonne, "Le rôle du corps propre dans la philosophie de Schopenhauer : Résonances biraniennes," in *Schopenhauer Jahrbuch*, Verlag Waldemar Kramer, 1988, 69 Band, pp. 417-423.
- REY Roselyne, *Naissance et développement du vitalisme en France de la deuxième moitié du 18e siècle à la fin du Premier Empire*, Voltaire Foundation, 2000.

- ROGER Jacques, *Les Sciences de la vie dans la pensée française du XVIIIe siècle*, Albin Michel, 1993（初版は1963).
- ROMEYER-DHERBEY Gilbert, *Maine de Biran ou le penseur de l'immanence radicale*, Seghers, 1974.
- TARDE Gabriel, *Maine de Biran et l'évolutionisme en psychologie*, Sanofi-Synthélabo, 2000.
- TREMBLAY Jacynthe, *Nishida Kitarô : Le jeu de l'individuel et de l'universel*, CNRS édition, 2000.
- TREMBLAY Jacynthe, *Auto-éveil et temporalité : Les défis posés par la philosophie de Nishida*, l'Harmattan, 2007.
- VAYSSE Jocelyn, *La danse-thérapie : histoire, techniques, théories*, Harmattan, 2006.
- VALÉRY Paul, *Degas, Danse, Dessin*, Gallimard, 2008（初版は1998）. 清水徹訳『ドガ　ダンス　デッサン』筑摩書房、二〇〇六年。

(ii) 邦文のもの

- 岩田文昭「フランス・スピリチュアリスムの名称と定義に関する考察」『大阪教育大学紀要　第一部門　人文科学』第四五巻第一号、一九九六年、一九―三四頁。
- 大澤正人『サクラは何色ですか?――西田幾多郎の思想』現代書館、二〇〇五年。
- 澤瀉久敬『メーヌ・ド・ビラン』弘文堂、一九三六年。
- 香田芳樹「ヨーロッパ古代から中世における身体観とハビトゥス（習慣）の変遷」『藝文研究』Vol. 93、慶應義塾大学藝文学会、二〇〇七年。
- 北明子『メーヌ・ド・ビランの世界――経験する私の哲学』勁草書房、一九九七年。
- 熊谷征一郎「西田哲学における「習慣」の意義――ラヴェッソン、ベルクソン、メーヌ・ド・ビランの受容におい

て」『比較思想研究』第三五号、二〇〇八年、三七–四五頁。
- 小坂国継『西田幾多郎——その思想と現代』ミネルヴァ書房、一九九五年。
- 小坂国継『西田幾多郎の思想』講談社学術文庫、二〇〇二年。
- 小坂国継『西田哲学の基層——宗教的自覚の論理』岩波現代文庫、二〇一一年。
- 小林敏明『〈主体〉のゆくえ——日本近代思想史への一視角』講談社選書メチエ、二〇一〇年。
- 小林敏明『西田幾多郎の憂鬱』岩波現代文庫、二〇一一年。
- 小林敏明『西田哲学を開く——〈永遠の今〉をめぐって』岩波現代文庫、二〇一三年。
- 佐藤国郎『メーヌ・ド・ビラン研究——自我の哲学と形而上学』悠書館、二〇〇七年。
- 中井正一「スポーツの美的要素」『中井正一評論集』岩波文庫、一九九五年。
- 永井均『西田幾多郎——〈絶対無〉とは何か』NHK出版、二〇〇九年（初版二〇〇六年）。
- 中村雄二郎『西田幾多郎Ⅰ』岩波現代文庫、二〇〇一年。
- 中村雄二郎『西田幾多郎Ⅱ』岩波現代文庫、二〇〇一年。
- 檜垣立哉『西田幾多郎の生命哲学——ベルクソン、ドゥルーズと響き合う思考』講談社現代新書、二〇〇五年。
- 藤田正勝『西田幾多郎——生きることと哲学』岩波新書、二〇〇七年。
- 松永澄夫『哲学史を読むⅡ』東信堂、二〇〇八年。
- 増永洋三『フランス・スピリチュアリスムの哲学』創文社、一九八四年。
- 三輪正「メーヌ・ド・ビランと習慣の問題（1）」『カルテシアーナ』第九号、大阪大学文学部哲学哲学史第一講座編、一九八九年、一三–二五頁。
- 三輪正「メーヌ・ド・ビランと習慣の問題（承前）」『カルテシアーナ』第十号、大阪大学文学部哲学哲学史第一講座編、一九九〇年、一一二九頁。
・三輪正『習慣と理性――フランス哲学研究』晃洋書房、一九九三年。
・村松正隆「方法としての習慣」『跡見学園女子大学マネージメント学部紀要』第二号、二〇〇四年、一一五―一三二頁。
・村松正隆「生命特性と哲学――ビシャの生理学とその影響――」『フランス哲学思想研究』第一〇号、二〇〇五年。
・村松正隆『〈現われ〉とその秩序　メーヌ・ド・ビラン研究』東信堂、二〇〇七年。
・百崎清美「十八世紀的生理学から近代的生命科学への移行についての一考察――バルテズからビシャへ――」『メタフュシカ』第三三号、二〇〇二年。
・百崎清美「十八世紀フランス『百科全書』のおける「繊維」の項をめぐって――生命の学の近代化を促した一要因――」『メタフュシカ』第三六号、二〇〇五年。
・森田亜紀『芸術の中動態――受容／制作の基層』萌書房、二〇一三年。
・中敬夫『メーヌ・ド・ビラン――受動性の経験の現象学』世界思想社、二〇〇一年。
・山形頼洋『感情の自然――内面性と外在性についての情感の現象学』法政大学出版局、一九九三年。
・山形頼洋『声と運動と他者――情感性と言語の問題』萌書房、二〇〇四年。
・山形頼洋・三島正明『西田哲学の二つの風光――科学とフランス哲学』萌書房、二〇〇九年。

(iii)　メーヌ・ド・ビラン特集の雑誌

・*Les Etudes Philosophiques*, Janvier-Mars 1982: Les idéologies Maine de Biran, PUF.
・*Revue de Métaphysique et de Morale* 1983 no. 4, PUF.

- *Les Etudes Philosophiques*, Avril-Juin 2000: Maine de Biran, PUF.
- *Revue Philosophique de Louvain*, Février-Mai 2005: Pour penser la condition du moi, Maine de Biran, Louvain, l'Institut Supérieur de Philosophie de l'Université Catholique de Louvain.
- 『フランス哲学思想研究』第七号、日仏哲学会編、二〇〇二年。

(iv) ラヴェッソン特集の雑誌

- *Les Etudes Philosophiques*, Janvier-Mars 1993, 1: Ravaisson, l'intelligence de l'habitude, PUF.
- *Corpus, revue de philosophie*, 1994: Lachelier, Corpus.

(v) 目録など

- *Dictionnaire des philosophes*, Denis Huisman éd., PUF, 2009（初版は1984）.
- *Japanese philosophy : A sourcebook*, ed. by James W. HEISIG, Thomas P KASULIS, John C. MARALDO, Honolulu, University of Hawai'i Press, 2011.
- *Vocabulaire technique et critique de la philosophie*, André Lalande éd., PUF, 2013（初版は1926）.
- 『西田幾多郎全蔵書目録』山下正男編、京都大学人文科学研究所、一九八三年。
- 『西田幾多郎の世界』大橋良介監修、石川県西田幾多郎記念哲学館発行、二〇〇四年。
- 『フランス哲学・思想事典』小林道夫・小林康夫・坂部恵・松永澄夫編、弘文堂、一九九九年。

あとがき

本書は、二〇一三年にフランスのトゥールーズ第二大学に提出した博士論文、*Sur le mouvement volontaire en tant que réflexion ou création : Essai sur la philosophie de Maine de Biran par l'entremise de Félix Ravaisson et de Kitarô Nishida*をもとに書かれた。もともと二部構成であったこの博士論文のうち、第二部は視点を変えて論じ直し、二〇一五年に同志社大学に提出した博士論文「西田哲学がビラン哲学にもたらしうるもの」となった。本書を書くにあたっては、第Ⅰ部をフランス語の博士論文から訳出し、第Ⅱ部は日本語の博士論文をもとにしつつ、全体に大幅な加筆修正を行った。

自分の書いた文章であるのに、フランス語から日本語に訳すのは骨の折れる作業だった。フランス語で書かれたものを単に日本語にするだけでは済まなかった。やはりフランス語の文章にはフランス語の文章のロジックというか流れのようなものがあり、日本語の文章には日本語のそれがあるように思う。フランス語文化に浸りきれない外国人の私でも、その違いは感じる。とはいえ日本語で一から書き直したわけでもない。フランス語版を参照しながら日本語にいわば翻案していったので、もとのフランス語に引っ張られている箇所もあるかもしれない。多少読みにくいところがあることは、承知している。どうかご容赦願いたい。

本書の冒頭にも少し述べたが、私はクラシックバレエをそれなりの期間、それなりに真面目に習っていた。学業のかたわら踊っていたが、二〇代半ばで、「かたわら」で踊るには体力の限界を感じた。続ける限りはうまくなりたいという気持ちを捨てられなかったので、楽しむためだけに続けることはできず、きっぱり辞めた。バレエをされている方は納得してくださると思うのだが、バレエはスポ根だと思う。それはさておき。バレエを習っていた頃、かなり稀に、いろいろな条件が揃ってすごくうまく踊れているときに、何かすべてが合致するような気持ちを感じることがあった。麻薬みたいに酔わせてくれる瞬間だった。ずっと、この気持ちは何なのか、どうして生じるのか、不思議に思っていた。そこで大学で美学を学んだ。関心が身体そのものへ収斂していった頃、山形頼洋先生と出会い、修士課程から哲学科に入り、メーヌ・ド・ビラン哲学を研究するに至った次第である。

ビラン哲学を研究することで、体を動かすときに意識に生じることの由来の一部は、解明できたように思われる。自分の身体を自分で動かすことで、その身体が誰のものでもない自分のものであると、疑いを挟むことができないほど直接的に知る。それは自分が他ならぬ自分であることを知ることでもある。またそれは西田哲学を介して、世界の中で位置付けられる創造に至った。

この本で明らかにしたことは、意志的な身体運動に関わることである。身体運動の哲学の基礎的な部分である。ここから、いろいろな問題が展開されうると考える。ここに少し、思いつく展開を述べてみたい。

まず舞踊との関係で言えば、そもそも踊りを作り出すための原動力、いわゆる「創意」のようなものはどのように形を取るのかが問われなければならないだろう。舞踊の起源について、生命の表現であるとか、憑依であるとか、祝祭であるとかと言うことはたやすいかもしれない。けれどもなぜこの表現内容に対してこの表現形式なのか、例えば『ジゼル』はなぜ第一幕で村娘であったときは膝を曲げたりする内包的な動きが多く、第二幕で妖精となったときには手足を伸ばす開放的な動きが増えるのか、そのような具体的な「形」の現れ方が、表される感情とともに問われなければならない。舞踊の形の現れは文化的要素も多く含む問いであるから、多くの分析を必要とするだろう。またその際、哲学の問題として気を付けなければならないことは、表現意図が先にあって、それを後追いして形が出来上がるわけではないということである。踊りの中で、踊りという行為を通して、表現意図も表現の形も明確になってゆくのでなければならない。それは、構想力の問題である。

また習慣の問題圏に入り込んだことで、身体技術の習得の問題も開けた。またもや私事で恐縮極まりないのだが、バレエを辞めたあと、私は合気道と太極拳を始めた。合気道にも太極拳にも、いわゆる型がある。同じ型を永遠と繰り返しながら、稽古を積んでいく。それも、今日は足捌きの正確さについて、明日は動きの流れについてというふうに角度を変えて型を吟味するだけではない。型の稽古は、そのように部分部分に切り離して、すべてを組み合わせれば終わるような性質のものではない。何か繰り返すことそのものに一定の意味がある。しかしそれと同時に、そのときそのときに応じて、足捌きや動きの流れなどといった、取り組みたい動きを明確に意識しながら取り組まなければ、型そのものを深めていくことはできないだろう。型の稽古はどのように行われ、それによって何を目指しているのだろうか。武道の稽古において面白いのは、型の反復は、単なる運動の自動化や、運動を身体に落とし込んでいく作業だけにとどまらないことである。型の目的は、ロボットのように自動化された運動を身に付けることではない。柳生宗矩は、剣術の稽古の段階が進むことによって、心の自由と同時に気（機）の充実が得られると述べた。剣の達人は勝つことに対する執着する心を捨てることができるし、また絶妙のタイミングで相手より先に仕掛ける機を見る目を有する。このような気の鍛錬は、身体的技術の習得とともに磨かれるものであることは言うまでもないが、それらはどのように絡まり合いながら自己において展開されるのだろうか、またどのように相手との間《ま》において出現することができるのか。型の稽古についての考察は、意志的運動と習慣の問題にとって重要であると考える。

　もちろん、意志的運動の展開としては、スポーツも避けられないだろう。また楽器演奏なども、広い意味での身体運動である。これらを差異化細分化して論じることも必要であるし、それと同じほどに、そこに共通する運動のあり方を探し、哲学の言語で記述してゆくことも必要であろう。そうすることで、身体運動に関する哲学の光は、赤に青に黄に放たれ、さらに深められてゆくと信ずる。

　とにかく本書ではその端緒として、意志的運動の哲学的意味を問うた。この試みが成功したかどうかは、読者の皆様のご批判を請うばかりである。

また本書は著者の初めての単著である。したがって今まで教えてくださったあらゆる「先生」にお礼を述べたい。とりわけ、二〇一〇年に亡くなられた山形賴洋先生は、研究の上でも、生きていく上でも、いつも温かく見守ってくださった。お礼を言っても言い尽くせない。また山形先生が亡くなられたあとは、日本での博士号取得も含め、庭田茂吉先生に大変お世話になったし、今もお世話になっている。ありがとうございます。トゥールーズ大学では、ピエール・モンテベッロ先生と二人三脚で、この本の骨子となる博士論文を書かせていただいた。先生は留学生を多く抱えておられたにも拘らず、定期的に時間を割いてくださり、丁寧に指導してくださった。今やフランス哲学界でも確固たる地位を築かれた先生に、本書出版にあたって序文を書いていただいたことは、大変ありがたいことである。著者の現在の勤務先であるストラスブール大学の黒田昭信先生は、博士論文の審査員になっていただいたのを機に、その後も研究や就職やあらゆる面に関していろいろと親切にしてくださった。先生のご研究から学ばせていただいたことは多い。北海道大学の村松正隆先生には、大学院生のときから、大変親切にしていただいている。先生がサバティカルでストラスブールにいらっしゃった一年は、本当に刺激的だった。

バレエの楽しさと厳しさを教えてくださったイノイユミコ・バレエアドヴァンスの猪居由美子先生、後藤由美子先生、合気道の恩師ジョエル・シュマン先生、太極拳の深みを教えてくださったイヴ・マルタン先生にも、深くお礼を申し上げます。

今まで支えてきてくれた家族、友人にも、ありがとう。遠くに住んでいてなかなか会えなくても、確かな心の支えになっています。

本書を出版するにあたって、萌書房の白石さんには大変お世話になった。出版の企画を快諾してくださって、心より感謝申し上げる。

二〇一八年三月、なごり雪に光の差すストラスブールにて

鋳物　美佳

タ・ナ　行

ハ・マ　行

ヤ・ラ　行

索　　引

（本索引は，第１章〜8章本文中の著作名および論文名を除く語を対象としている。太字で示されている頁数はその項目が主題的に扱われている箇所を指す。なお，メーヌ・ド・ビランと西田幾多郎については該当頁が多数あるので，除外してある。）

ア　行

カ　行

サ　行

■著者略歴

鋳 物 美 佳（いもの　みか）

1984年　大阪府に生まれる

2013年　トゥールーズ第二大学哲学研究科博士課程修了

2015年　同志社大学大学院文学研究科博士課程修了

ボルドー・モンテーニュ大学外国文化学部lectrice（専任講師）を経て，2015年よりストラスブール大学外国語文化学部にATER（特任助教），Maître de Langue（専任講師）として勤務。

主要業績

“Essai sur la confrontation avec l’expérience sensible: Dieu et démon dans la dernière pensée de Nishida”（*Frontiers of Japanese Philosophy*, vol. 9, 知足堂，2016)，「自覚と自然発生性との関係――西田幾多郎によるラヴェッソン『習慣論』の読解」(『フランス思想哲学研究』第19号，2014年）他。

運動する身体の哲学

――メーヌ・ド・ビランと西田幾多郎――

2018年8月20日　初版第１刷発行

著　者　鋳 物 美 佳

発行者　白 石 徳 浩

発行所　有限会社 萌《きざす》 書 房

〒630-1242　奈良市大柳生町3619-1

TEL（0742）93-2234 / FAX 93-2235

［URL］http://www3.kcn.ne.jp/~kizasu-s

振替　00940-7-53629

印刷･製本　モリモト印刷株式会社

ISBN978-4-86065-125-1